知道吗？

今天你又交税了

听"小税务"聊身边的税

朱志钢 崔军 编

2014年·北京

图书在版编目(CIP)数据

知道吗？今天你又交税了:听"小税务"聊身边的税/
朱志钢,崔军编.—北京:商务印书馆,2014
ISBN 978-7-100-10411-1

Ⅰ.①知… Ⅱ.①朱…②崔… Ⅲ.①税收管理—
基本知识—中国 Ⅳ.①F812.42

中国版本图书馆 CIP 数据核字(2013)第 267786 号

所有权利保留。
未经许可,不得以任何方式使用。

知道吗？今天你又交税了
——听"小税务"聊身边的税

朱志钢　崔军　编

商 务 印 书 馆 出 版
(北京王府井大街36号　邮政编码 100710)
商 务 印 书 馆 发 行
北京瑞古冠中印刷厂印刷
ISBN 978-7-100-10411-1

2014年4月第1版	开本 787×1092　1/16
2014年4月北京第1次印刷	印张 12¼

定价：30.00 元

序　言

富兰克林有句名言:"世界上只有两件事是不可避免的,那就是税收和死亡。"随着经济发展水平的提高和对全球化进程的融入程度的深入,在我国也有越来越多的人开始认识到税收与自己的密切关系,越来越多的人开始关注和学习税收知识。但税收作为一门技术性较强的学问,是具有一定门槛的,要想"寻门而入"并非易事。

作为税收研究者和税收工作者,我们有责任、有义务来宣传税收知识,普及税收知识。但翻阅市场上相关的税收书籍,让广大读者较容易接受,读来相对轻松又能学习税收知识的并不多见。于是,为了填补这一图书领域的空白,在商务印书馆李彬编辑的大力推动下,我们依据这样的原则开始编写这本书:一是普及的税收知识尽可能准确,尽可能满足普通老百姓了解税收常识的需要;二是语言风格生动、易于为大众所接受。因此,在写作过程中,我们希望尽量减少知识灌输式的说教,尽可能增加学习税收知识的趣味性,同时又给读者普及准确无误的税收常识。

在形式上,本书采用了日记体形式,其目的是为了更加贴近百姓生活。我们围绕着"小税务"在工作和生活中的各种场景所可能涉及的税收问题,在对这些问题进行分析的基础上介绍了相关税收常识。一般情况下,每篇日记主要针对一个问题,同时将主题相近的若干篇日记组成一个篇章。内容上多是讨论、解读当前社会各界普遍关注的税收热点问题,并注意尽可能地将税收政策调整的时间和最新的变化反映到日记中。

在结构上,出于方便读者阅读和查找的考虑,本书按照涉及税收政策内容的不同分为八个篇章。这八篇分别是:"房屋税收篇""车辆税收篇""消费税收篇""个人税收篇""企业税收篇""税收优惠篇""税收筹划篇"和"税收概览篇"。就房屋、车辆、消费、个人、企业等涉及的税收问题进行了专题讨论,可以说基本涵盖了人们日常中遇到的税收问题。由于划分了篇章,但有些税收政策的出台却是在特定的时间点上,因此本书的所有日记均按时间顺序排列无法做到,只能在每一篇章里面,按照时间先后顺序排列相关日记。

本书从开始策划到拿出初稿经历了两年多的时间。之所以十多万字左右的稿子却历时这么久,主要是因为:其一,考虑到读者的接受程度,我们在按照何种体例撰写书稿,如何划分篇章等问题的讨论和确定上花费了很多时间。其二,在写作的过程中,我国的相关税收政策也在不断地调整和完善,为了尽可能保证本书内容和政策解读的准确性,我们及时对涉及变化的部分内容进行了动态的更新。而在完善的过程中,我们征求了多方面意见,包括税务干部、纳税人、媒体人、税务中介人士,并对书稿内容进行了多次修改和调整。

商务印书馆的李彬编辑从本书的选题、结构、内容等方面都提出了很多宝贵建议,细心地指出了诸多问题,自始至终积极支持着本书的写作和出版,其高度负责任的工作态度和肯于做事的工作热情,是我们撰写和完善书稿的极大动力。可以说,本书是我们共同努力和付出的成果。

同时,《中国税务报》记者张剀对书稿的结构、体例提出了很多好的想法和建议;中国人民大学公共管理学院硕士研究生张雅璇撰写了本书第二篇的初稿;河北省国税局杨军、安徽省亳州市地税局李莉、广东省江门市国税局冯敏、广东省清远市地税局刘国东在相关篇章的场景设计方面出了很多主意,并做了相应的文字工作;甘肃省国税局焦晓云、北京市西城区地税局李力等也为书稿提出了宝贵的修改意见;中国人民大学定期举办的博锐财税沙龙,为书稿写作提供了不少生动的素材。在此一并表示感谢。

尽管我们付出了较多的努力、花费了很多精力来撰写和修改书稿,但由于税收政策涉及面广,各地在具体执行时也存在一定差异,本书难免会存在这样那样的问题。不妥之处,请各位读者体谅并批评指正。

编　者

2013 年 11 月

"小税务"的流水日记

一　房屋税收篇 ………3

2012年1月20日　房地产税收知多少？ ………4
2012年3月9日　人们常常听说的契税究竟是什么？ ………7
2012年4月20日　你是不是偷税了？——出租房子也要缴税 ………9
2012年8月8日　卖房人，其实这些税都是该由你来缴的 ………12
2012年9月18日　原来买房只需缴这点儿税 ………16
2012年10月25日　到底有没有"房产加名税"？ ………18
2012年11月9日　继承来的房子该缴哪些税？ ………20
2012年11月16日　把房子赠给别人要缴税吗？ ………22
2013年2月21日　二手房交易要按20%缴纳个人所得税？ ………24
2013年4月23日　房产税的现在和将来 ………26

二　车辆税收篇 ………29

2012年1月1日　一台汽车究竟承载了多少税？ ………30

2012年3月15日　买车需要缴纳哪些税？…………32

2012年6月30日　购买节能环保型汽车有什么税收优惠？…………35

2012年7月5日　汽车装饰美容费用也要缴纳车辆购置税吗？…………37

2012年7月25日　海归买车享受的税收"特权"…………39

2012年8月31日　个人卖二手车还要不要再缴税？…………41

2013年3月1日　出租车"燃油附加费"是怎么回事？…………43

2013年3月18日　"燃油税"是一个什么税种？…………45

三　消费税收篇…………47

2012年1月19日　为什么餐馆老板说不开发票可抹去零头？…………48

2012年5月31日　你吸的不是烟，是税！…………50

2012年7月20日　一瓶"古井贡"里面"掺了"哪些税？…………52

2012年9月30日　我们吃馒头要缴"馒头税"吗？…………54

2012年10月10日　从境外买的商品带回国内需要纳税吗？…………57

2012年10月13日　同样的商品，为啥国内就比国外贵那么多？…………59

2013年1月20日　购物卡盛行与税有关系吗？…………62

2013年1月26日　买衣服要缴税吗？…………64

2013年2月6日　孩子的培训教育要缴税吗？…………66

2013年4月3日　复印店老板说开发票要加8个百分点，合理吗？…………68

2013年4月18日　购买实物黄金还是黄金首饰？…………70

2013年5月6日　想美，就多缴税………72

2013年5月11日　要对网店征税了吗？………74

四　个人税收篇………77

2012年1月30日　个人所得税收知多少？………78

2012年2月6日　我们的月工资和年终奖有多少缴了税？………80

2012年2月12日　加班费也要缴个人所得税？………83

2012年4月3日　12万元以上申报是怎么回事？………85

2012年6月2日　劳务报酬所得如何缴纳个人所得税？………87

2012年7月17日　稿酬所得如何缴纳个人所得税？………91

2012年9月2日　自由撰稿人怎样才能实现税后收益最大化？………93

2012年9月28日　"月饼税"是怎么回事？………95

2012年10月1日　购物抽奖，中了！先缴税………97

2012年11月25日　个体工商户应该缴纳哪些税？………99

2013年1月13日　买卖股票要缴哪些税？………103

五　企业税收篇………105

2012年2月20日　一般企业要缴纳哪些税？………106

2012年3月25日　聊聊关于企业所得税的一些基本规定………109

2012年3月30日　汇算清缴和纳税申报有什么异同？………112

2012 年 5 月 20 日　哪些企业适用核定征收企业所得税？………114
2012 年 9 月 17 日　增值税转型是怎么回事？………116
2013 年 4 月 19 日　"营改增"对企业是利好还是利空？………119
2013 年 4 月 25 日　年金税收政策是怎样规定的？………122
2013 年 4 月 30 日　合伙企业如何缴纳所得税？………126

六　税收优惠篇………129

2012 年 2 月 15 日　国家对中小企业有哪些税收优惠？………130
2012 年 4 月 12 日　对下岗工人就业有税收优惠政策吗？………133
2012 年 6 月 10 日　城镇退役士兵可以享受哪些税收优惠政策………135
2012 年 7 月 10 日　对残疾人就业有哪些税收优惠政策？………137
2012 年 8 月 10 日　对大学毕业生创业有哪些税收鼓励政策？………139
2012 年 9 月 20 日　支持高新技术发展的税收政策有哪些？………141
2012 年 10 月 12 日　支持环境保护、节能节水项目的
　　　　　　　　　　税收政策有哪些？………143
2013 年 3 月 15 日　支持农业发展的税收政策有哪些？………145
2013 年 5 月 12 日　对捐赠行为有什么税收优惠政策？………147

七　税收筹划篇………151

2012 年 3 月 19 日　税收筹划是怎么一回事？………152

2012年4月21日　可别把税收筹划和偷税、逃税、节税、避税等

　　　　　　　　弄混了..........155

2012年4月25日　税收筹划是有风险的..........158

2012年5月7日　什么是企业所得税筹划？..........161

2012年6月11日　个人所得税筹划好处多多..........164

2012年12月2日　工资、薪金原来可以这样发..........167

2012年12月27日　劳务报酬怎么筹划？..........170

八　税收概览篇..........173

2012年3月2日　我国到底有多少税种？..........174

2012年4月7日　纳税人有哪些权利和义务？..........176

2012年5月25日　税收能调节贫富差距吗？..........180

2012年6月28日　我国税收负担究竟重不重？..........182

2013年6月2日　哪些途径可以快捷地查找到相关税收规定？..........184

"小税务"提示

最低计税价格 ………… 42

小规模纳税人 ………… 55

流转税 ………… 60

信息管税 ………… 75

附征率 ………… 101

价内税和价外税 ………… 108

我国的五大税种 ………… 110

查账征收与核定征收 ………… 113

一般计税方法和简易计税方法 ………… 120

应税所得率 ………… 131

代扣代缴和代收代缴 ………… 179

我呢，往大里说是新闻从业人员；如果非要往小里说，也就是一家位于首都北京的综合类报纸经济版的专栏小记者。2007年硕士毕业进入这家报社。2010年报社领导高瞻远瞩，顺"财税热"之潮流，提出在经济版开辟税收专栏，鉴于我本科、硕士的财税专业背景，有幸被钦点负责专栏的采访工作，成为税收专栏小记者一名，偶尔也奉命客串一下专栏的策划和编辑工作。

调侃归调侃，其实我还是非常热爱这份工作的，也很敬业，尤其是参与税收专栏的工作后，有了学以致用的广阔空间，干劲儿更足。工作中，不仅格外关注国家的相关税收政策，采访专家学者、税务干部、各类纳税人也是一丝不苟。工作之余也时不时跑回母校看看老师、听听讲座、"蹭蹭课"，回炉充电。对身边但凡与税有关的事一概敏感，还养成了平时写写记记的"优良品德"，自己美其名曰"职业习惯"。当然啦，为周围亲朋好友进行税收方面的答疑解惑是我责无旁贷的义务，我也乐此不疲，人称"小税务"。

西方国家有句名言：只有死亡和纳税是不可避免的。这道出了我们与税收的紧密关系。有些人漠不关心税收，认为税收距离自己是相当遥远的事，这种观念是十分错误的。其实，税收与我们的生活息息相关，我们的衣、食、住、行、娱乐、发展等都无不与税收有着极为密切的关系。各位莫急，且听"小税务"为您慢慢道来。

一 房屋税收篇

篇首语：房屋是老百姓最重要的财产之一，近年来随着房价的上涨，国家也在不断地出台政策来调控房价，其中，税收政策是最被经常使用的调控杠杆之一。本篇介绍了房地产相关税收，重点介绍了个人转让二手房、出租房屋、继承和赠予房产等老百姓经常会碰到的税收问题，同时对转让二手房征收 20% 个人所得税及房产加名税等话题做了深入浅出的阐述。

2012年1月20日

房地产税收知多少？

唐代大诗人杜甫曾感慨："安得广厦千万间，大庇天下寒士俱欢颜。"可见自古以来房屋在中国老百姓的观念中就占有重要地位。而现如今，房地产税收受老百姓关注的程度更是相当地高。近期我准备搞个房地产税收系列专栏，好好普及一下这方面的知识。但首先"打铁还要自身硬"，我一定要先熟悉相关知识，于是，今天我专门找来2012年注册税务师考试《税法1》《税法2》教材，并从网上搜索了相关材料，以对房屋税收有个总体的把握。

我国现行的税制中涉及房地产的税种主要有10个（如果算上教育费附加和地方教育附加，有12个），总的来说处在两个大的环节：一是房地产开发、转让即流转环节，这个环节主要有耕地占用税、营业税、企业所得税、个人所得税、城市维护建设税、土地增值税、印花税、契税等；二是房地产使用即保有环节，这个环节主要有房产税和城镇土地使用税。

具体来说：（1）营业税，属于与增值税并列的一般流转税，是对规定的营利事业和经营行为征收的一种税。营业税设有销售不动产、交通运输业、服务业等9个税目，分别适用不同的比例税率，如销售房屋等不动产税率为5%。

（2）房产税，属于财产税，是对房产征收的一种税。我国房产税规定，对房屋按照房产余值或房产租金分别计算房产税应纳税额，以房屋产权所有人为纳税人。

（3）城镇土地使用税，是为了促进合理使用城镇土地，适当调节城镇土地级差收入，对使用的城镇土地征收的一种税。凡在城市、县城、建制镇、工矿区范围内使用土地的单位和个人，每年应按照土地面积和适用单位税额计算缴纳城镇土地使用税。

（4）土地增值税，是为了规范房地产市场交易秩序，适当调节土地增值收益，对转让房地产的增值额征收的一种税。有偿转让房地产并取得增值性收入的单位和个人，都应缴纳土地增值税。

（5）契税，是对被转移的土地、房屋权属征收的一种税，由承受方缴纳。税率为3%—5%，各地根据实际情况在幅度内确定。

（6）耕地占用税，是为了加强土地管理，合理利用土地资源，保护农用耕地，对占用的耕地征收的一种税。

（7）印花税，是对经济活动中书立、领受的凭证征收的一种税。

（8）企业所得税，是对企业的所得征收的一种税。

（9）个人所得税，是对个人的所得征收的一种税。

（10）城市维护建设税，是以纳税人实际缴纳的增值税、消费税、营业税税额为计税依据，按照适用税率计算应纳税额的一种税。城建税的税率分为三档：纳税人所在地在市区的，税率为7%；纳税人所在地在县城、镇的，税率为5%；纳税人所在地不在市区、县城或镇的，税率为1%。

还有两种附加费叫作教育费附加和地方教育附加，同城市维护建设税类似，我们一般也算作税，以纳税人实际缴纳的"三税"税额为计税依据计算，教育费附加率为3%，地方教育附加率为2%（北京市自2012年1月1日起开征）。

有地产界人士统计过，现阶段涉及房地产的税种有12项之多（包括了教育费附加和地方教育附加），涉及房地产的收费多达50项，两者共计62项。这些税费到底有多少？据说约是房价的40%甚至更多。

房地产行业是国民经济的重要支柱产业，也是税收收入的重要来源之一。房地产税收涉及开发、保有、流转等环节，但多集中在开发和流转环节，房地产保有环节税收较少。这么多税种，要真正搞明白还真不容易呢！

2012 年 3 月 9 日

人人常常听说的契税究竟是什么？

最近一段时期，商品房价格有所松动。就在老百姓期待房价下降更多的时候，个别地方政府、不少开发商开始坐不住了，想方设法吸引人们买房，美其名曰"支持房地产市场健康发展"。有的甚至打起了契税的主意，如安徽省芜湖市 2012 年 2 月 7 日出台房地产新政，规定在 2012 年期间凡购买普通商品房均可享契税 100% 免征政策（随后被国家叫停）。有的房地产开发商在销售房屋时打出了"买房免契税"的广告，宣称由开发商代购房人缴纳契税。就契税问题，我专门请教了母校的李教授。李教授作为财税领域的著名学者，对税收问题有很深入的研究，引经据典地为我介绍了契税的相关情况。

契税，是对契约征税，属于财产转让税，由财产承受人缴纳。契税是一种重要的地方税种。在土地、房屋交易的发生地，不管是单位还是居民，国人还是外商，只要所有权属转移，都要依法纳税。目前，契税已成为地方政府一项重要的固定收入来源。

契税中所涉及的契约包括两类：一类是土地使用权转移，如国有土地使用权出让或转让。另一类是房屋所有权转移，更规范一点儿讲，应该称为土地、房屋权属转移，如房屋买卖、赠送、交换等。除了买卖、赠送、交换外，房屋所有权转移的方式还有很多种。根据国家有关规定，以房屋所有权抵债，与房屋所有权转移视为同类契约。比如，外资老板到某市办厂，当地居民以房屋作价入股，也要缴纳契税。此外，还有两种常见的房屋权属转移，按规定要缴纳契税：因特殊贡献获奖，奖品为土地或房屋权属；或者预购期房、预付款项集资建房，只要拥有房屋所有权，就等同于房屋买卖。

上述各类土地、房屋权属转移，方式各不相同，契税定价方法当然也就各有差异。契税的计税依据，归结起来有四种：一是按成交价格计算。成交价格经双方敲定，白纸黑字形成合同，税务机关以此为据，直接计税。这种定价方式，主要适用于国有土地使用权出让、土地使用权出售、房屋买卖。二是根据市场价格计算。土地、房屋价格绝不是一成不变的，比如，近些年各个地方地价、房价飙升，在土地使用权赠送、房屋赠送时，定价依据只能是市场价格，而不是土地或房屋原值。三是依据土地、房屋交换差价定税。随着二手房市场兴起，房屋交换走入百姓生活。倘若A房价格是30万元，B房为40万元，A、B两房交换，契税的计算，自然是依据两房的差额，即10万元。同理，土地使用权交换，也要依据差额。等额交换时，差额为零，意味着，交换双方均免缴契税。最后一类，按照土地收益定价。这种情形不常遇到。假设2008年，国家以划拨方式把甲单位土地使用权给了乙单位。三年后，经许可，乙单位把该土地转让，那么，乙就要补交契税，纳税依据就是土地收益，即乙单位出让土地使用权的所得。

在税率设计上，契税采用幅度比例税率。我国采用3%—5%的幅度比例。目前北京、天津、上海、浙江等大多数省市均实行3%的税率。由于契税是地方税种，各个地方政府（主要是省级政府）有权在国家政策框架内出台地方政策。

2012 年 4 月 20 日

你是不是偷税了？——出租房子也要缴税

吃过午饭，正处于"混沌"状态，军军（好朋友，个体经营者）来电话说想把自己手中的一套房子租出去，问问纳税的事。好在不久前刚策划过一期关于房屋出租纳税的专栏，正好派上了用场。立马振作精神，向军军娓娓道来。

"出租房屋，主要涉及房产税、营业税、城市维护建设税、教育费附加、地方教育附加、个人所得税、城镇土地使用税、印花税等税种。"

"这么多种税？怎么交呀？"

"别急，听我慢慢跟你说。第一，房产税。以租金收入的 4% 计算缴纳。第二，营业税和相关附加税种。营业税按租金收入的 3% 计算，并在此基础上减半缴纳。城市维护建设税及教育费附加、地方教育附加，以实际缴纳的营业税税额乘以税率或附加率计算缴纳。第三，个人所得税。按财产租赁所得项目缴税，每次收入不超过 4,000 元的，减除费用 800 元，4,000 元以上的，减除 20% 的费用，再扣除已缴的相关税费，以余额作为应纳税所得额。个人出租居民住房的，税率为 10%。第四，个人出租居民住房的，这部分城镇土地使用税和印花税是免征的。"

"哎呀,我脑袋都乱了。你讲一遍我根本就记不住。我周围出租房子的人好像都没有这么复杂呀?"

"是啊,由于各种税费计算较为复杂,为了简化税收征管,方便执行,有些地方规定了综合征收率。如咱们北京市就规定个人非住房出租的,月租金收入在营业税起征点及以上的,按照12%的综合征收率计征各项税费;月租金收入在营业税起征点以下的,按照7%的综合征收率计征各项税费。'非住房'就是指商用房,这和你没什么关系。个人住房出租的,按规定以实际收入的5%综合计算缴纳应纳税额。也就是说,用你的租金收入乘以5%就是你要纳的全部税额,不用再分税种计算了。"

"我的房子是学区房,附近就有地铁站,小区里同样的房子每月租金都在七八千块,我那是刚装修的新房,要不是媳妇为照顾儿子在家当全职太太,我才不舍得租呢。哥们儿,要是能租八千,得缴多少钱的税呀?"军军问道。

"兄弟,我又不是电脑,电话里一两句话也讲不清楚。我马上算算然后给你发 email。"放下电话,立马开始算账。

军军的房子,如果分税种分别计税:

房产税:8,000 元 ×4%=320 元。

营业税:军军个人出租住房,适用按次纳税办法,即 8,000 元 ×3%×50%=120 元。

营业税相关及附加:120 元 ×12%=14.4 元。

个人所得税:(月租金收入 8,000 元 − 房产税 320 元 − 营业税 120 元 − 营业税相关附加 14.4 元 − 费用扣除 8,000 元 ×20%)×10%=594.56 元。

城镇土地使用税和印花税免征。

军军每月应缴纳的税款:房产税 320 元 + 营业税 120 元 + 营业税相关及附加 14.4 元 + 个人所得税 594.56 元 =1,048.96 元。

而如果按照综合征收率来缴纳,每月只需缴 400(8,000×5%)元就可以了。

其实军军直接按综合征收率计税就可以了。哈哈,前面的计算有点画蛇添足了,不过给这小子普及点儿税收知识也没有什么坏处。职业习惯、职业习惯……咱是"小税务"嘛。

鼠标轻点,邮件发出。

2012年8月8日

卖房人，其实这些税都是该由你来缴的

晚上和几个朋友约在一起聚餐，聊着最近的趣事，很是开心。酒过三巡，军军话多了起来："小税务呀，我弟弟有两套房子，想卖掉一套，要交多少税呀？"

"嗨，你今天可算来着了，有专家在呢。刘东（大学同学，某地税务局局长）可是地税局的青年业务骨干呀，他也是我的税收老师，怎么样刘局，给我这哥们儿上上课吧？"我建议道。

刘局长说："我可要是收咨询费的。"玩笑归玩笑，刘局长如数家珍地给大家介绍了与卖房相关的税收规定。

"总体来说，个人出售房产主要涉及个人所得税、营业税及附加税种。

第一，个人所得税。个人出售自有住房取得的收入，应按照'财产转让所得'项目征收个人所得税，用所得价款减去原买房价款、税费、装修款，再乘以20%的比例税率计算。如果是个人转让自用5年以上并且是家庭唯一生活用房取得的所得，免征个人所得税。不过你弟弟显然不符合唯一住房的规定。

在实际工作中，二手房转让个人所得税多是核定征收的。按照规定，如果纳税人未提供完整、准确的房屋原值凭证，不能正确计算房屋原值和应纳税额的，税务机关对其实行核定征税，即按纳税人住房转让收入的一定比例核定应纳个人所得税额。根据纳税人出售住房的所处区域、地理位置、建造时间、房屋类型、住房平均价格水平等因素，具体比例在住房转让收入 1%—3% 的幅度内确定。

第二，营业税和相应附加税。对了，他的房子是不是很大？什么时候买的？"

军军说："他可不是什么大款，他的房子至多 90 平米，是在 2008 年下半年买的。"

"那就说普通住房的相关规定吧。既然至多只有 90 平米，当然属于普通住房。"刘局长继续说，"如果是普通住房（各地都规定了相应的标准），购买不足 5 年对外销售的，则按照销售收入减去原购房价款的差额征收营业税；超过 5 年（含）对外销售的，免征营业税。如果是非普通住房，购买不足 5 年对外销售的，全额征收营业税；超过 5 年（含）对外销售的，差额征收营业税。当然，有营业税就意味着有相应的附加，即按所缴纳的营业税额的 7%、3% 和 2% 分别计算的城建税、教育费附加和地方教育附加。

第三，对于个人出售住房，土地增值税和印花税是暂免征收的。"

"那有的人卖房子，怎么相关税费都可以让买家负担呢？"军军问。

"当然，买房和卖房双方最后谁来承担这部分税收，是要根据双方的交易谈判情况来决定的。我刚才所说的是根据税法规定的卖房人应该负担的税收。"

说实话，虽然我号称"小税务"，但有些具体税收规定也没有掌握那么细，很多也是现学现卖的。今天听刘局长这么一解释，对与卖房子相关的税收政策有了比较清楚的了解，也是收获挺大的。

回家后，我还专门从网上找了相关案例，作为学习之用。

个人卖房缴税案例一——普通住房

刘某 2009 年 11 月 30 日买入 170 万元的房子一套，属于普通住房，面积为 60 平方米，2012 年 3 月 5 日以 200 万元出售。

在买入环节，根据《财政部国家税务总局关于调整房地产交易环节税收政策的通知》（财税［2008］137 号）的规定暂免征收印花税，但要按 1% 交纳契税 170 万元 ×1%=1.7 万元。

2012 年 3 月 5 日出售时，由于没有超过 5 年，所以要按照差额缴纳营业税。

1. 应交营业税:（200－170）万元 ×5%=1.5 万元。

2. 应交城建税、教育费附加和地方教育附加:1.5 万元 ×（7%+3%+2%）=0.18 万元。

3. 暂免征收土地增值税和印花税。

4. 个人所得税:应纳税额 =（收入总额 － 财产原值 － 合理税费）×20%
   =（200－170－1.7－1.5－0.18）万元 ×20%
   = 5.324 万元。

如果按照 1% 的征收率来计算:应纳税额 =200 万元 ×1%=2 万元。

综上，刘某出售住房时应缴纳税金及附加 7.004 万元;如果按照征收率计算个人所得税，则共应缴纳税金及附加 3.68 万元。

个人卖房缴税案例二——非普通住房

张某因工作调动离开北京，2012 年 3 月出售一套 180 平米的房子，成交价 700 万。该住房是他在 2 年前买的，当时成交价 600 万。由于是不足 5 年的非普通住房，要全额征收营业税及相关附加。

1. 应交营业税：700 万元 ×5%=35 万元。

2. 应交城建税、教育费附加和地方教育附加：35 万元 ×（7%+3%+2%）= 4.2 万元。

3. 暂免征收土地增值税和印花税。

4. 个人所得税：应纳税额 =（收入总额 − 财产原值 − 合理税费）×20%
   =（700−600−35−4.2）万元 ×20%
   = 12.16 万元。

如果按照 1% 征收率来计算个人所得税：应纳税额 =700 万元 ×1%=7 万元。

这样，张某出售住房时应交税金及附加 51.36 万元；如果按照征收率计算个人所得税，则共应交税金及附加 46.2 万元。

可以看出，出售非普通住房的税负要远远高于普通住房。

2012年9月18日

原来买房只需缴这点儿税

"好香呀!"

正在写稿写得筋疲力尽之际,一阵新茶的香味儿飘过来,抬起头,只见同事小张笑眯眯地端了杯茶放在我桌上。

"'小税务',累了吧?赶紧尝尝别人才给我捎的西湖龙井,新茶就是香,你不是最爱龙井吗,我自己还没喝呢,先给你沏了一杯。"

"无事献殷勤,说吧,什么事?"

原来小张和女朋友谈恋爱快两年,已经进入谈婚论嫁的地步了,最近正忙着到处看二手房,准备明年结婚。他知道我平时关注税收问题较多,特意来问买房的税收政策规定。

"先说说你准备买多大的房子,大概要多少钱吧。"我问他。

小张说:"我们就想买一个80平米左右的,价格大约200万吧。"

"好的,那我就给你简单讲讲。个人购买房屋主要涉及契税和印花税。第一个是契税。税法规定,对个人购买90平方米及以下普通住房,且该住房属于家庭(成员范围包括购房人、配偶以及未成年子女)唯一住房的,减按1%税率征收契税。个人购买90平方米以上的普通住房,且该住房属于家庭唯一住房的，减半征收契税，一般为1.5%。如果不属于以上范围，就应该适用3%的税率。第二个是印花税。目前税法规定对个人购买住房暂免征收印花税。

根据你的情况，属于国家契税优惠的对象，适用1%的税率，按照房价200万元计算，需要缴纳契税为2万，不用缴印花税。也就是说，如果你买这个房子，总共需要缴纳税金2万元。"

小张问："也就是说，我买这个房子需要缴纳2万元税款，是不是？反正我也搞不清楚什么税。"

"是这样的。在和房屋卖主谈价格的时候，一定要说清楚，各人负担自己的税。如果商量结果是你要替卖主负担他的税的话，就另当别论了。卖房方需要缴纳营业税、个人所得税等，也不是一个小数目。你计算清楚了才能在谈判中取得有利地位。"

"说实话，买房子是我们生活的第一大开支。谁都会非常慎重，一套又一套地看房子是挺累人的，还得考虑地段、楼层、朝向、结构、价格、税费等问题。稍有不慎，可会后悔一辈子的。呵呵，怪不得你这么好学呢！

得，送你盒龙井，就当咨询费了！"

有知识就是好啊！

2012年10月25日

到底有没有"房产加名税"？

"丁零零……"

星期日早上，我正做着好梦呢，一阵刺耳的电话铃声吵醒了我，一看才六点半，唉呀，什么十万火急的事呀。

"喂，小税务吗？我是你嫂子莉莉（军军媳妇，企业财务人员）呀！赶紧给我解释一下什么是'房产加名税'，税率是多少？"

"什么？房产加名税？没听说过呀。"

"没听过，怎么可能！你知不知道，昨天我遇见了一个同学，听她说这段时间大家都在往房产证上加名字呢，但是又要交税，我今天跟你把政策问清楚了，明天一早我也去房产局加名字去。"

听她解释了半天，我才搞明白，原来莉莉所说的"房产加名税"是根源于看似和税收不搭界的最高人民法院的一个司法解释。2011年8月份最高人民法院出台的《婚姻法》的新司法解释规定，以个人财产支付首付款并在银行贷款买房，婚后用夫妻共同财产还贷，不动产登记于首付款支付方名下的，双方离婚时，人民法院可以判决该不动产归产权登记一方。最高法的这一解释，立即引起了一阵"加名"热，没有在房屋产权证上写名字的一方纷纷要求加上自己的名字。

而部分地方税务机关明确这种"加名"行为属于房屋权属变更，在房产证上被增加署名的人应该缴纳契税。南京、成都、武汉等城市相继传出消息，已婚夫妻在房产证上加名要征收契税。这种契税被戏称为"房产加名税"。

我把这些解释给她听后，她叹息说："这加个名交的税可也不少呀！"

"哈哈……"我笑着逗她，"不论花多少钱，都得加上去，不然你岂不是天天都要担心？"

"我才不担心呢，只是赶时髦罢了，军军可是绝对好男人一个，安全系数百分百。"

"真是知夫者莫若妻呀，不过实话告诉你吧，2011年9月1日，财政部、国家税务总局对这个问题就已经做出了明确规定：婚姻关系存续期间，房屋、土地权属原归夫妻一方所有，变更为夫妻双方共有的，免征契税。"（注：2013年12月31日起，新政策扩大了免征契税的范围，规定房屋、土地权属原归夫妻一方所有，变更为夫妻双方共有或另一方所有的，或者房屋、土地权属原归夫妻双方共有，变更为其中一方所有的，或者房屋、土地权属原归夫妻双方共有，双方约定、变更共有份额的，均免征契税。）

"哦，原来是这样，不过加不加名字，我再考虑吧，嘻嘻，继续做你的美梦吧！"

唉，没想到一个"房产加名税"竟然让我睡不好觉。其实根本没有"房产加名税"这样一个税种，所谓"房产加名税"说的实际上是契税，它只是来自媒体和百姓的一种戏称。"房产加名税"事件的本质是对夫妻房产加名行为是否征收契税的讨论。不过从另一个角度来看，这样的事件对于老百姓税收意识的增强是有好处的。越来越多的人认识到税收并非遥不可及，而是与自己的生活息息相关。

2012年11月9日

继承来的房子该缴哪些税？

晚上7点多，和我从小玩到大的"发小"阿剑过来找我聊天。坐在客厅里，为他泡上茶。我们边看电视边聊天。阿剑今年28岁，在做汽修工，收入不是很高，也到结婚年龄了。前一段时间他九十多岁的奶奶去世了，为他爸爸留下了一套70平方米的房子。"你给我说说我爸继承这个房子是否需要缴税啊？"阿剑问。

我简单回想了一下相关税收规定，选了主要的和他讲。

"根据我国法律规定，对于非法定继承人根据遗嘱继承房屋的，属于赠予行为，要缴纳契税和印花税。对于配偶、子女、父母、兄弟姐妹、祖父母、外祖父母等法定继承人，继承土地、房屋权属时，是免征契税、个人所得税和营业税的。

也就是说，对于你爸爸这样的法定继承人来说，只有印花税了，具体包括：(1)产权转移书据印花税，按书据所载金额的0.05%贴花；(2)权证印花税，每本5元。"

阿剑对具体税收规定不太关心："你就说我爸继承那套房子，需要缴纳多少税吧？"

"这么说吧,你爸是法定继承人,继承房屋只需要缴纳印花税。如果房屋市场价格是100万,需缴纳印花税505元。"

"哦,这样我明白了。谢谢兄弟!这我就放心了。"阿剑长出了一口气。

2012 年 11 月 16 日

把房子赠给别人要缴税吗？

老家有个堂哥，这些年做生意挣了不少钱，在当地买了好几套房子。听说要开征房产税了，对多套房子要征收高额税，他打算把一套房子送给关系很好的一个朋友，在办理过户手续时工作人员让他缴税，他很不理解，打电话给我，气呼呼地问："现在做点好事都这么难，捐赠房屋怎么还要缴税？"我赶紧就这个问题请教刘东。

"刘局呀，能否请教一个问题，房屋捐赠行为要缴纳什么税呢？"

"怎么了？房子太多了？送给我啊，我要啊，呵呵……"

"别开玩笑了，我哪有。这是我老家一个堂哥问我的。我这半吊子也不是很清楚，所以来请教你这个专业人士。"

"呵呵……就别拍我马屁了！目前的税收规定是这样的，对房屋捐赠方来说，一般要缴纳营业税及其附加税费。但对无偿捐赠给亲属等捐赠行为给予税收优惠，即免征营业税。具体规定是这样的，单位或个人将不动产无偿赠予他人的行为，视为销售不动产，应缴纳营业税，适用税率为5%。附加税费即城市维护建设税、教育费附加和地方教育附加。对于将房屋无偿赠予配偶、父母、子女、祖父母、外祖父母、孙子女、外孙子女、兄弟姐妹，或者无偿赠予对其承担直接抚养或者赡养义务的抚养人或者赡养人的，暂免征收营业税及其附加税费。"

"也就是说我堂哥把房屋捐赠给别人是要缴纳营业税及其附加税费的。他是觉得做好事还要缴税令人难以接受。对了，接受捐赠房屋的是不是还要缴税呢？"

刘东耐心地解释道："这个和是否做好事没有关系，只要是发生符合税法规定的行为，都要缴税。另外受赠方也要缴税，主要涉及个人所得税、契税和印花税。

第一，房屋产权所有人将房屋产权无偿赠予他人的，受赠人因无偿受赠房屋取得的受赠所得，按照'经国务院财政部门确定征税的其他所得'项目缴纳个人所得税，税率为20%。房屋产权无偿赠予时对受赠方不征个人所得税的情形包括：房屋产权所有人将房屋产权无偿赠予配偶、父母、子女、祖父母、外祖父母、孙子女、外孙子女、兄弟姐妹；房屋产权所有人将房屋产权无偿赠予对其承担直接抚养或者赡养义务的抚养人或者赡养人；房屋产权所有人死亡，依法取得房屋产权的法定继承人、遗嘱继承人或者受遗赠人。

第二，契税按照计税价格的3%—5%（根据各地规定，北京为3%）缴纳。纳税人可以到有资质的评估公司评估房产的现值，也可以直接按照国家规定的最低计税价格计算房产的现值，评估公司评估房产的现值如果低于国家规定的最低计税价格，应按照国家规定的最低计税价格计税。

第三，印花税，包括：（1）产权转移书据印花税，按书据所载金额的0.05%贴花；（2）权证印花税，每本5元。

同受赠房屋类似的，如以获奖方式取得房屋产权的，其实质是接受赠予房产，应缴纳个人所得税、契税、印花税等。"

"好的，政策我基本清楚了，谢谢领导！"

"嗨，跟我就甭客气了！"刘东有着东北人特有的直脾气，我很喜欢他这样的性格。

2013 年 2 月 21 日

二手房交易要按 20% 缴纳个人所得税？

今天天气晴朗，我起得格外早，本以为今天到单位已经够早了，却惊讶地发现军军已在门外等着我了。

"咦，今天怎么这么早……"

还没说完，便被军军抢了话去："唉呀，都火烧眉毛了，昨天下发'国五条'了，你知不知道？卖房子要交 20% 的个人所得税啊，你知不知道啊？！"

我明白了，不禁笑了起来，开了办公室的门，让军军坐下，给他倒了杯水，说道："就这个事啊，你别着急，我慢慢跟你说！

《个人所得税法》规定：财产转让时如果产生所得，在具体计算税额时，原则上就是以转让收入原值及合理费用后的余额，再乘以 20% 的税率，计算应纳税额……"

"唉呀，你就别给我甩书本了，快说重点！"

"房产是个人的一项财产，所以，房产转让所得也应按照财产转让所得来征个人所得税。实际上，个人转让房产所得按照 20% 缴纳个人所得税，并不是一个新政策，早在 1993 年 10 月全国人大常委会对《个人所得税法》修订中就增加了财产转让所得的条款，到现在已经 20 年了，'国五条'只是强调了一下这种征收方式而已。

而在以前的实际征收中,二手房转让个人所得税多是核定征收的,征收率一般为住房转让收入的1%。

不过,并非所有转让住房行为都要按照20%缴纳个人所得税的,对转让家庭唯一住房且自用5年以上的,免征个人所得税。纳税人如果有原购房合同、发票等有效凭证,经税务机关审核后,是可以从其转让收入中减除房屋原值、转让住房过程中缴纳的税金及有关合理费用的。所以说,这不是一条新政策,也不能简单笼统地说,二手房交易要缴纳20%的个人所得税。"

军军点了点头说:"原来是这样呀!可国务院为什么现在又重新强调这项规定呢?"

"目的是为了规范税收执法尺度,更有效地打击房产投机行为,抑制房价的非理性上涨呀!这可是为了我们老百姓好啊,对不对?"

"对对对!我举双手赞成!真是听君一席言,政策全学熟呀!好了,我可以安心地去卖房了,我走了。"

唉,这个军军,真是来去一阵风呀。

2013 年 4 月 23 日

房产税的现在和将来

今天是周六,我和朋友一起去人民大学参加了博锐财税沙龙,这次的主题是"房产税改革"。参加沙龙的有财税专业的老师、博士和硕士生、像我这样关心财税话题的财税媒体人士以及税务干部、税务中介人士等,大家就"房产税改革"这一话题发表了自己的看法,老师随后进行了点评。我觉得很有收获。

总的来说,我国现行房地产税制存在的主要问题有:一、课税范围过于狭窄,而免税范围过于宽泛。我国房产税只对城市、县城、建制镇和工矿区的营业性住房征收。除了房产税改革试点地区外,我国房产税把个人所有非营业用房列为免税的对象,使税收的杠杆调节作用难以发挥,不利于国家对收入进行调节分配。二、房产税计税依据缺乏合理性。房产税的缴纳要根据房产余值或租金收入来计算。房产余值难以体现房屋真正的市场价值。租金收入是项比较模糊的收入,租赁形式的多样化也使得租金难以确定。三、房地产税费制度混乱,费大于税的现象普遍存在。名目繁多的税费不仅使纳税人产生逆反心理,想方设法逃避税费,而且加大了政府税费征管的成本,同时由于收费的权力分散在各个部门,缺乏有效的约束,容易形成竞争收费的现象，甚至扭曲收费的性质，变成了部门创收，最后导致腐败。

由于我国现有房产税对于个人所有的房产是免征房产税的，现在的房产税试点改革，实际上都是针对居民个人所有住房开始征税，关键是对哪些住房征收房产税的问题。

2011年1月28日，上海、重庆开始了对个人住房征收房产税的试点，具体方案有所不同。

上海房产税的征收对象是指本市居民家庭在本市新购且属于该居民家庭第二套及以上的住房（包括新购的二手存量住房和新建商品住房）和非本市居民家庭在本市新购的住房，适用税率暂定为0.6%，应税住房每平方米市场交易价格低于本市上年度新建商品住房平均销售价格2倍（含2倍）的，税率暂减为0.4%。重庆房产税的征收对象包括：个人拥有的独栋商品住宅（从2011年10月1日起征收）；个人新购的高档住房，指建筑面积交易单价达到上两年主城九区新建商品住房成交建筑面积均价2倍（含2倍）以上的住房；在重庆市同时无户籍、无企业、无工作的个人新购的第二套（含）以上的普通住房。适用税率一般为0.5%。独栋商品住宅和高档住房建筑面积交易单价在上两年主城九区新建商品住房成交建筑面积均价3倍以下的住房，税率为0.5%；3倍（含）至4倍的，税率为1%；4倍（含）以上的税率为1.2%。在重庆市同时无户籍、无企业、无工作的个人新购第二套（含）以上的普通住房，税率为0.5%。

下一步推进房产税改革是非常必要的，且具有重大的意义，第一，有利于增加直接税，填补财产税收领域空白，是中国税制合理化的必要环节。第二，房产税改革有利于地方税收体系建设，为地方政府提供稳定的财政收入来源。第三，在一定程度上有利于抑制房价，促进房地产业健康发展。第四，有利于优化收入分配结构，缩小贫富差距和抑制两极分化。

为构建有利于房地产市场健康发展的房地产税制，在上海、重庆房产税试点基础上，下一步需要逐步扩大个人住房征收房产税试点范围，将计税依据改为市场评估价值，同时加强住房信息的监控，做好房产税改革相关测算，有条件的时候全面改革我国的房地产税制。

最近几年，房产税改革是一个热门话题，老百姓也非常关注。很多人甚至期待房产税改革能把房地产炒作热潮降下来，使房屋价格降下来。说实话，房产税在这方面有一定作用，但不能指望太多。毕竟房产税改革更大的意义在于完善税制和调节贫富差距。从目前的改革进展来看，房产税改革难度很大、阻力重重，推进改革需要更大的决心和魄力。不少专家认为，我国房产税只能是调节少部分人的富人税，应当设置类似人均 60 平方米的较高免征面积。

对于这些观点，我个人也是比较认同的。

二

车辆税收篇

篇首语：在现代社会，越来越多家庭购买车辆，小汽车成为不可或缺的财产。与汽车相关的税收有消费税、增值税、车辆购置税、车船税等。汽车行业税负究竟重不重？购车需要交纳哪些税？购买二手车如何缴税？燃油税是怎样的税种？所有这些问题与百姓生活密切相关，本篇对与车辆相关的税收问题进行了解析。

2012年1月1日

一台汽车究竟承载了多少税？

今天是新年第一天，我起了个大早，上网看新闻。原来今天是《中华人民共和国车船税法》和《中华人民共和国车船税法实施条例》正式实施的日子。新车船税法规定的变动主要体现在征税对象税负结构性调整和增加税收优惠这两方面，同时还授权地方政府根据具体情况在一定程度和时间内实行减免税或者税收优惠。可是，网上仍然有不少人评论说我国汽车税负过重。"中国的汽车税负水平名列世界第二，仅低于日本。""中国消费者每购买一辆国产汽车，所承担的税负大约占车价的40%，为世界之最。"那到底我们国家的汽车税负有多重？我得趁今天把它彻底研究清楚，不然，怎么当"小税务"呢？

经过仔细查阅有关的法规，原来与汽车行业相关的税种包括汽车消费税、增值税、车辆购置税、车船税、燃油消费税、城市维护建设税、教育费附加、地方教育附加等。具体来说：(1) 汽车消费税根据排气量不同税率不同，排气量越大适用消费税税率越高。如排气量在1升（含）以下的适用1%、1.5—2.0升（含）的适用5%、4升及以上的适用40%；(2) 增值税的计税依据是增值额，适用17%的税率；(3) 车辆购置税统一适用10%

的税率;(4)车船税也是根据排气量适用不同的税额标准,排气量越大税额越高,各地在国家规定幅度内自行确定。以北京为例,排气量在1.0升(含)以下的每年缴纳300元,1.0—1.6升(含)的每年缴纳420元,1.6—2.0升(含)的每年缴纳480元,2.0—2.5升(含)的每年缴纳900元,2.5—3.0升(含)的每年缴纳1,920元,3.0—4.0升(含)的每年缴纳3,480元,4.0升以上的每年缴纳5,280元(需要注意的是,由于北京实施车辆工作日高峰时段区域限行交通管理措施的特殊因素,因此还对限行期间乘用车辆按年减征两个月应纳税款);(5)燃油消费税,根据用油量征收,如汽油消费税单位税额每升1元,柴油消费税单位税额每升0.8元;(6)城市维护建设税和教育费附加、地方教育附加,都是增值税、消费税和营业税的附加,在城市中一般为以上"三税"税额的12%。

除了这些汽车相关税种,汽车行业还涉及企业所得税和个人所得税等。

如果生产销售汽车的企业实现利润,则企业所得税为应纳税所得额的25%。如果企业没有利润,则不用缴纳企业所得税。如果是个体工商户,则要缴纳个人所得税。

当然,以上是与汽车有关的税种,并非每个汽车使用者都要缴纳如此多的税收。与个人有关的,主要是车辆购置税、车船税、燃油消费税三种。其他的如汽车消费税、增值税、企业所得税等都是由汽车生产销售企业缴纳。

看来,我国汽车行业涉及的税种是较多的,所负担的税收也是较重的。根据以上分析粗略估计下来,车价的30%—40%为税收负担。因此,有必要在下一步税制改革中,适当兼并相关税种并减轻汽车行业税收负担,促进汽车业健康快速发展。

2012年3月15日

买车需要缴纳哪些税？

今天是"3.15消费者权益日"，一些汽车厂商在这个日子联合举办车展，军军和莉莉叫上我们几个朋友一起去看看。去车展的路上，军军告诉我，他和莉莉打算买车了。军军是个不折不扣的"车迷"，他酷爱收集各种精致的汽车模型，对参加各大汽车公司的新品发布会和车展总是充满了热情。这回终于准备出手了，真替他高兴。

车展上来自国内、国际各种品牌、各种型号的新车看得人眼花缭乱，军军如数家珍般向我们解说着这款车有什么性能优势、那款车又采用了什么新技术。大家在车展上边逛边聊，不懂的就问军军。

"你知道买汽车都要交什么税吗？"军军被一个朋友的问题难住了。

军军虽然是个汽车迷，但是对于税收知识的了解颇少。他转过头来反问我："你是'小税务'，你倒是来说一说，如果我买一辆车，需要交什么税呢？"

刚好前段时间研究过汽车相关税收，我就现学现卖了："简单点儿说呢，如果你到汽车4S店买一辆车，你需要缴纳的税是车船税和车辆购置税。按照咱们国家车船税法的规定，车辆、船舶的所有人或管理人都是车船税的纳税人。"

军军问："那所有类型的车都需要缴纳车船税吗？"

"需要缴纳车船税的车辆包括依靠燃油、电力等能源作为动力运行的乘用车、商用车（客车和货车）、挂车、摩托车、其他车辆等，依靠人力、畜力运行的三轮车、自行车、畜力驾驶车等非机动车辆是不需要缴纳车船税的。一般是在办理机动车交通事故责任强制保险时由保险机构代收代缴车船税。"

"哦，那要交的税是不是很高啊？"

"哈哈，看来你最关心的还是这个问题。给你说简单一点儿吧，以与老百姓关系最密切的核定载客人数9人以下的乘用车为例，我们国家乘用车车船税是按照发动机汽缸容量也就是排气量来分等的，比如1.0—1.6升的汽车要交的税就在300元到540元之间，1.6—2.0升的在360元到660元之间，其他的随着排气量上升税额依次升高。再给你普及个基础知识吧，这种税率设计叫作定额税率，与之相对应的是比例税率。另外，车船税是从你买车的那年开始每年都要交的，你缴纳交强险时保险机构就会代扣车船税。各地根据车船税法及其实施条例规定的幅度自行确定税额标准，每年缴纳一次。"

"那北京的规定是怎样的？现在限行那么多能否减免车船税呢？"

"北京规定，排气量为2.0升的税额为480元，2.4升的为900元，4.0升的为3,480元。对实施交通管理限行措施期间，北京市乘用车辆按年减征两个月应纳税额计算全年应纳税款。"

"原来光一个车船税就有这么多学问。你刚刚是不是还说了一个税种，买车的时候也要交的，叫什么来着？车辆购置税？"

"对，车辆购置税简称车购税，买车的时候都要缴纳。需要缴纳车购税的车辆包括汽车、摩托车、电车、挂车、农用运输车。它的税率为10%，用你买车的全部价款和价外费用之和乘以10%就是要交的税额。由于最终价款往往包含增值税，在计算车购税时应该先把增值税额剔除出去。举个例子来说，车价 100,000 元，不含增值税额的价款为 100,000 元 /（1+17%）=85,470 元。这样，应缴纳的车辆购置税为 85,470 元 ×10%=8,547 元。车购税在国税部门缴纳，而且只在买车的时候交一次就可以了，之后如果车辆再次交易就不需要交了。"这时旁边向我们做介绍的车展服务员向我竖起了大拇指。

讲了这么多税收知识，也不知道他们都听进去没有。还是适可而止，不然他们会烦了。不过还好，回来路上，大家都说："看来小小一辆车凝结的税收知识还真不少，今天逛车展的收获颇多啊！"这么说来，这个度我把握得还可以了。

2012年6月30日

购买节能环保型汽车有什么税收优惠？

军军和莉莉真动手买车了，但是由于北京限购，连续好几个月都没能中签。前几天，莉莉终于摇到了一个号。今天，军军约我陪他一起来到附近的一家汽车品牌4S店看车。

店员很热情地为我们介绍着各种车型及其性能："先生您看，这款车非常节能，每公里耗油不超过5升，而且如果您购买同款车型，还可以享受车船税的减免优惠。"

其实对于各款车型的性能，作为车迷的军军大多已心中有数，可"车船税减免优惠"几个字一下子提起了他的兴致。"车船税还有优惠政策吗，'小税务'怎么没告诉我？"我赶紧向他解释："我要是讲多了税收知识，估计让你们都烦了。我们还是听听店员的吧，这个减免优惠具体是如何规定的？"

店员耐心细致地讲解道："为了节约资源，鼓励新能源的开发与利用，我们国家的法律规定，对节约能源、使用新能源的车船可以减征或者免征车船税。具体来说，就是对节约能源的车辆，减半征收车船税；对使用新能源的车辆，免征车船税。到2012年6月份，已经有110多款车型入选了《节约能源使用新能源车辆减免车船税的车型目录》,您现在看的这款车就属于节能型乘用车,可以减半征收车船税。这个车排气量是 2.7 升,按照北京市规定,每年车船税为 1,920 元,减半征收就是只需要缴纳 960 元。这样 10 年下来就可以少缴车船税 9,600 元呢。这可不是一笔小数目。"

原来如此,军军轻轻点了点头,看上去被说得有点儿动心了。"这样,如果买这个车的话,是可以省一笔钱了。"

对于节约能源、使用新能源的车船减免车船税,是国家利用税收政策引导产业投资和消费方向,为建设"环境友好型"和"资源节约型"社会服务的一项配套举措。购买节能环保型汽车,一方面为消费者节约车船税,另一方面保护环境,节约能源,还能帮助国家产业转型,多好的选择啊!

2012 年 7 月 5 日

汽车装饰美容费用也要缴纳车辆购置税吗？

今天，军军来我办公室喝茶，聊到买车的事情，没想到他满脸的不高兴，原来他从 4S 店里得知，做汽车美容和各种保养的费用也要计算缴纳车购税，他觉得这很不合理。以前也有朋友问过我类似的问题，看来这并非个案。

"这样吧，我先给你讲讲这个事情的来龙去脉。"

"好啊，究竟是怎么回事？你也给我评评理。"军军似乎还在郁闷中。

我慢慢给他解释："去年 8 月，国家税务总局公布了《车辆购置税征收管理办法》修订稿初稿，要求汽车销售中把车辆价款、价外费用开具在同一张发票上，统一征收车辆购置税。按照修订稿初稿，价外费用将包括增配费、装饰美容费、加价费三项。此次修订意在对热门车型销售的加价现象做出规范，杜绝避税漏税。按照这个规定，如果消费者在缴纳车辆购置税前，自行对汽车进行了美容，那这一部分费用也将计入到车辆购置税的计税价格中，应纳税额就会增加，增加的部分是美容花费的 10%。而如果消费者在汽车完税后再对汽车进行美容，那美容部分的花费就不计入车辆购置税的计税价格中。"

军军问:"真有这样的规定啊?!"

"别急,我还没说完呢。去年12月底国家税务总局发布了新的《车辆购置税征收管理办法》,今年1月1日起施行。新征管办法实施后,最大的变化是车主不用到税务机关办理车辆购置税过户、转籍、变更手续。删除了修订稿中关于价外费用的规定。"

"如果是这样,美容等费用就不会计算到车购税里面去了?"军军问。

"是啊,按照正式出台的办法,汽车装饰美容费用是不征车辆购置税的。可能4S店的店员弄错了。"

第一次修订稿规定对车辆的装饰美容费征收车辆购置税,其目的在于避免消费者和经销商对加价部分开具装饰美容的发票,从而避税。但这样的规定将汽车基本的装饰美容(如贴膜、镀膜等)也计入了车辆购置税的范围,不甚合理。如果消费者选择先缴纳车辆购置税再进行车辆美容,虽然缴纳的税款减少了,但却增加了麻烦,多跑了一趟路,耗费了更多的时间、精力和路费成本。因此,后面正式稿中对以上规定进行了修改,也算是回应了老百姓的呼声吧。

2012年7月25日

海归买车享受的税收"特权"

今天有点空闲,我就上了一会QQ,看到军军和莉莉的空间有更新,就进去看看。无意中看到了莉莉在英国留学的照片。这一看提醒了我,我印象中,留学归国人员购车有车辆购置税优惠。我赶紧查了下法规,果然如此。

我立刻给军军打电话。"军军,有个好消息告诉你!我们国家政策规定,在外留学人员(包括香港、澳门地区)回国服务的,购买1辆国产小汽车免征车辆购置税。莉莉以前不是在英国留学吗?你和莉莉是夫妻,你们买车如果用莉莉的名义,就不需要再缴纳车辆购置税了。"

"好主意!可是办理车购税免税的手续是不是很麻烦?"军军问。

"不算麻烦。在办理免税手续的时候需要提供的资料是:(1)车主身份证明和免税证明,留学人员提供中华人民共和国驻留学生学习所在国的大使馆或领事馆出具的留学证明和公安部门出具的境内居住证明,个人护照。(2)车辆价格证明。境内购置的车辆,提供《机动车销售统一发票》(发票联和报税联)或有效凭证。(3)车辆合格证明。国产车辆,提供整车出厂合格证明。(4)所在地(居住或工作地)海关核发的《回国人员购买国产汽车准购单》。"

"知道了。我要是以后转让的话会不会让我补交车购税啊？"军军反应真快。

"是这样的。海归留学人员享受购置税全免的车辆，按照要求是10年内不允许过户的。如果要过户，那么按照车辆使用的年限，用10年的期限来打折扣，比如，你的车辆已经使用了3年，如果需要过户，那么要补交购置税的剩下7年的费用（按照最新的同类型车辆最低计税价格计算），才可以过户。"

不管怎样，估计军军心头暗喜呢，娶了个"海归"太太还带来了享受车购税优惠的意外收获。

2012年8月31日

个人卖二手车还要不要再缴税？

今天很热，几个好朋友约上一起去京郊的潭柘寺聚聚，顺便避避暑聊聊天。军军开了一辆车来接我。"哟，新车吗？""哪里呀，我爸的。本来想给我，可是我不太喜欢，才决定买新车。我想着卖车的收入还可以作为自己购买新车的部分资金。"

"对了，我又有问题要请教啦！"军军在路上又开始提问题了。

"哈哈，是什么问题？"

"上次一起去参加车展，听你说了买车时要交车船税和车购税，可没说卖车时要交什么税啊？我准备把我爸的车卖掉，还要交车船税和车购税吗？"

"哈哈，军军，看来你的主动纳税意识非常强嘛！不过转让车辆，你既不需要交车船税，也不用交车辆购置税。我们国家的相关法律有规定，个人转让二手车时，不管转让的价格高于还是低于车辆原值，都是不需要缴纳这两种税的。"

"原来这样啊，看来我了解的税收知识还是不够全面啊，到时还得请你做我的参谋，别因为卖了一辆车，却让我成为税务局'偷逃税'的打击对象了!"

我给他补充道:"对了!我这里说的是一般情况。还有些比较特殊的情况也要注意,如转让二手车价格还要比原值高,这样就要按照'财产转让所得'缴纳个人所得税。又如购买的时候如果享受了免征车购税政策,在购买日起十年内转让的,需要补缴车辆购置税。举例来说,购买两年的车辆,原来享受免征车购税政策,现要转让,则须补缴的车购税为最新的同类型车辆最低计税价格乘以 10% 再乘以 8/10。"

> **"小税务"提示——最低计税价格**
>
> 　　为了避免纳税人出于少缴税款的目的,人为压低用来计算税款的交易价格,税务机关规定的用于计算税款的最低价格。如《中华人民共和国车辆购置税暂行条例》规定,国家税务总局参照应税车辆市场平均交易价格,规定不同类型应税车辆的最低计税价格。纳税人购买自用或者进口自用应税车辆,申报的计税价格低于同类型应税车辆的最低计税价格,又无正当理由的,按照最低计税价格征收车辆购置税。

我们这群朋友里面,我的税收知识相对多些,所以很多朋友都愿意和我交流税收方面的话题。这样的交流既为我带来了更多的朋友,又增长了我的知识,自己也很有成就感,让我更加有动力深入学习税收知识。

2013年3月1日

出租车"燃油附加费"是怎么回事?

今天上午,领导让我出去办事,由于时间紧张,我就打了个车。路上时间挺长,我便和司机聊了起来。司机师傅姓刘,很能聊,已经开了十几年出租车。

"听说现在燃油附加费又涨到3块了,怎么只听说涨不见跌啊?"我问他。

"这您就错了。去年从2块涨到3块,后来又下降到2块。从今天也就是3月1日起,北京燃油附加费又涨回到3块。"刘师傅说。

"哦,这样啊。原来没怎么关注。那这个燃油附加费是属于什么性质的?一种收费?"我追问。

"这我就不清楚了,我只管收,哈哈……"

我正在思考这个问题,突然听到车里电台播放的节目。

"欢迎收听北京交通电台,今天出租车燃油附加费提高到3元,我们节目邀请到中国人民大学的财税专家李教授,给大家讲讲燃油附加费的话题。"

"哈哈,真巧!专家出来给咱们讲。"刘师傅笑着说。

"最近几年,出租车燃油成本有所增加,为妥善缓解出租车运营压力,北京在落实中央关于燃油补贴政策的基础上，调整了燃油附加费标准，以确保出租车行业正常运营。燃油附加费是为了应对成品油价格不断上涨导致出租车司机收入下降的问题，而向乘车人收取的一定标准的费用。也就是说，这个燃油附加费是根据成品油价格来确定的。燃油附加费和燃油税不一样。燃油附加费是为补偿出租车司机因成品油价格上升导致收入下降的临时性措施，燃油税是相对固定的成品油项目消费税。同样，我们国际和国内飞机航线的燃油附加费也是一种临时性收费措施，也会随成品油价格的涨跌而调整……"

"哦，原来如此！"我和刘师傅恍然大悟。

一路上，我们俩还聊了其他话题，很是开心。在到达目的地后，还是感觉意犹未尽。

2013 年 3 月 18 日

"燃油税"是一个什么税种？

最近，军军和莉莉这对儿小夫妻去海南自驾游，回来给我带了个大海螺做礼物。他们抱怨说："怎么海南的油价特别高，说是征了燃油税。怎么就海南征了燃油税？你快给我们讲讲。"

他们的问题又让我想起前几天在出租车上遇到的燃油附加费的问题。还好，我做了这方面的功课。

"其实，我们通常说的燃油税是指对在我国境内行驶的汽车所购用的汽油、柴油所征收的税。燃油税实际上是成品油项目的消费税，所谓燃油税只是民间的一种称呼而已，它并不是一个单独的新税种。"

"燃油税其实就是消费税的一个项目？原来我还以为是一个单独税种呢。"军军问。

"是啊，消费税是针对一些特殊商品征收的税种，共有烟、酒及酒精、小汽车、成品油、化妆品等 14 个项目。成品油消费税是其中一个项目，具体包括汽油、柴油、石脑油、溶剂油、航空煤油、润滑油和燃料油 7 个子目。"

"这个成品油消费税是不是才开始征啊？以前怎么没听说过呢？"军军继续问。

"成品油项目消费税自1994年税制改革以来一直都存在。近几年来引起关注是由于所谓的燃油税费改革。在2008年年底,国务院发布了《关于实施成品油价格和税费改革的通知》,取消公路养路费、航道养护费、公路运输管理费、公路客货运附加费、水路运输管理费、水运客货运附加费等六项收费,提高成品油消费税单位税额:汽油消费税单位税额每升提高0.8元,提高至每升1元;柴油消费税单位税额每升提高0.7元,提高至每升0.8元;其他成品油单位税额也相应提高。实际上,燃油税是指对在我国境内行驶的汽车购用的汽油、柴油所征收的税,也就是成品油消费税。它是费改税的产物,是取代养路费而开征的。燃油税是由原来普遍征收的养路费和其他费用合并而成,这一举措通过法律约定整合了各部门间的利益关系,从而最大限度地节省了能源和基础设施开支。燃油税的推广使车辆的使用成本结构发生较大变化,先前不同车辆间几乎一视同仁的养路费等固定支出,被燃油税所取代,体现了谁用车多谁多缴税的原则。"

"那海南的燃油税又是怎么一回事?"军军又追问。

"海南的燃油税,实际上是1994年海南省开征的机动车辆燃油附加费,当时,海南省为了治理乱设卡、乱收费、乱罚款的现象,将养路费、过路费、过桥费、运输管理费四费合一,征收燃油附加费,海南由此成为全国第一个燃油附加费改革省份。从1994年1月1日起,海南就取消了养路费和路桥费,只征收燃油附加费。"

"怪不得海南没有收费站。那如果海南的车烧天然气或者用电池,那就交免燃油附加费了。哈哈……"军军脑子转得可真快!

"是啊,我在网上看到,有些海南的出租车都换烧天然气了。"

税收涉及我们生活的方方面面,真是学无止境啊!

三
消费税收篇

篇首语：房屋和车辆是大家都关注的财产，涉及众多税种。此外，税收与每个人的日常消费也是有着密切关系的。不管是去餐馆吃饭，还是抽烟喝酒，抑或是买衣服等等，只要我们发生了这些消费行为，就是国家的纳税人。本篇将就与这些消费行为相关的税收问题进行分析。

2012年1月19日

为什么餐馆老板说不开发票可抹去零头？

这几天爸妈带着小外甥来北京玩，我陪着去了天安门、故宫、长城、颐和园等景点游玩。他们坐下午6点的飞机回老家。想起来还没带他们吃北京的烤鸭呢，于是中午就找了一家宾馆附近的烤鸭店。结账的时候老板说总共消费384元，如果不要发票可以把零头抹掉或者赠送一瓶饮料。反正自己也没地方报销，我就给了380元。这种现象在外头吃饭经常会遇到，已经见怪不怪了。下午把爸妈他们送走，回来后我认真对其进行了分析。这也是职业习惯，对什么都喜欢深究，搞清楚来龙去脉。

一些中小餐馆的老板之所以说不开发票可以抹去零头，其实理由大家都知道，是因为不开票可以少缴税。但是究竟可以少缴多少税呢？

目前大多中小餐馆基本上实行定额加票控的方式，而且餐饮企业大部分是私营或个人的，因此交个人所得税的居多。比如主管税务机关核定餐馆每月2万营业额，按此标准每月领取发票，营业税和个人所得税等都是定额的，假设为1,000元。但如果连续3个月都超额领取发票，那么税务机关就要重新定额，每月税额可能调整为1,200元或1,500元。而如果使用发票较少，在下一年度定额的时候，老板可以说："你看我去年平均每月开票只有 1.5 万元，可以减少定额了吧？"有可能每月税额调整为 800 元。这么分析下来，就可以知道餐馆老板对于少开发票有多大的动力了。

明白了基本道理，也有必要了解一下税法基本规定，那么餐馆要缴哪些税呢？

主要包括营业税及其附加以及个人所得税（或企业所得税）。

第一，营业税及其附加，共为营业额的 5.6%。如果没有达到营业税起征点，也就是每月营业额 20,000 元，就不用缴营业税。否则应按照营业额的 5% 缴营业税。如有营业税就有相应的附加，如城市维护建设税（营业税额的 7%）、教育费附加（营业税额的 3%）、地方教育附加（营业税额的 2%）。

第二，个人所得税（或企业所得税）。如果餐馆是个体工商户，应该缴纳个人所得税。以每一纳税年度的收入总额，减除成本、费用以及损失后的应纳税所得额，适用 5%—35% 的五级超额累进税率。如果餐馆是企业且有利润，应该缴纳企业所得税，法定税率为 25%，小型微利企业税率为 20%。对年应纳税所得额低于 6 万元（含）的小型微利企业，其所得减按 50% 计入应纳税所得额，按 20% 的税率交纳企业所得税。

这么算下来，如果不考虑所得税，仅营业税及其附加，税率为 5.6%。384 元餐费，税款为 21.50 元。如果加上所得税，税款要更多些。

可以看出，商人都是精明的。老板不开发票只少收了 4 元，少缴税款至少 21.50 元。以后还是应该主动要求开发票，不给餐馆老板们偷逃税款的机会。当然，作为一个公民，不能仅仅算这样一笔小账。除了自己要依法纳税外，我们还要促进公平纳税环境的形成，这也是每个公民应尽的义务。

2012年5月31日

你吸的不是烟，是税！

今天刷微博，才知道是世界无烟日。

微博上有人说，我国是世界最大的卷烟生产和消费国，吸烟人数占世界吸烟者总人数的近30%。目前，我国吸烟者人数达3.01亿，15岁以上的人群吸烟率为28.1%，其中男性为52.9%，女性为2.4%。多惊人的数字啊！一手烟、二手烟、三手烟，在我国吸烟或者被动吸烟几乎是司空见惯的现象。

中午时候，我去领导办公室聊工作，领导烟瘾上来，取出一包"中南海"就开始吞云吐雾了。二手车可以开，二手烟不能吸呀！在痛苦地吸着二手烟的同时，我心里不禁开始想，抽烟究竟为国家财政做出了多大贡献？

2011年我国烟草制品业税收收入4,262亿元，卷烟批发业税收收入1,368.7亿元。两项合计卷烟行业税收收入共5,630.7亿元，占当年全部税收收入95,729.5亿元的5.9%。就消费税来看，生产和批发环节卷烟消费税收入3,442.1亿元，占全部消费税收入的49.3%。就一个小小的卷烟，为整个国家税收贡献如此多。也怪不得卷烟厂都是各个地方的利税大户，备受政府和税务机关的重视。

与卷烟相关的税收，主要有消费税、增值税以及相关附加等。

2009年国家对卷烟消费税政策进行了调整，对于卷烟生产企业，每标准条调拨价格（要大大低于零售价格）在70元以上的为甲类卷烟，达不到70元的为乙类卷烟。甲类卷烟的消费税从价计税税率由45%调整为56%，乙类卷烟的消费税从价计税税率由30%调整为36%；雪茄烟生产环节的消费税从价计税税率由25%调整为36%；维持按量每5万支卷烟计征150元的定额税不变。在卷烟批发环节，加收一道从价税，消费税税率为5%。

卷烟的增值税没有特殊政策，与其他商品一样，生产、批发和零售都适用17%的法定税率。有了消费税和增值税，就有相应的附加，如城市维护建设税、教育费附加和地方教育附加。

另外，对于卷烟生产和批发企业，如有利润还要缴纳企业所得税（对于烟草这样的行业来说，利润当然是有的）。如果个人零售的，还要缴纳个人所得税。在烟叶收购中，还要缴纳20%的烟叶税。

如果简单计算一下，高档卷烟至少包括56%的生产环节消费税、5%的批发环节消费税、增值额17%的增值税，增、消两税合计额至少10%的附加费，还有企业所得税或个人所得税、烟叶税。如果卷烟1,000元一条，仅仅算消费税和附加，就有67%左右，加上增值税和所得税，估计至少70%以上都是税收。可以看出，卷烟的大部分成本都是税收，生产成本只占一小部分。

你以为吸的是烟，其实吸的是税啊！

但是另一个角度来看，为什么要对烟征收高税呢？这是一举两得的做法。一方面可以体现国家政策，鼓励人们少抽烟，达到引导人们消费行为的目的；另一方面可以为国家各项事业筹集较多的财政收入。

2012年7月20日

一瓶"古井贡"里面"掺了"哪些税？

今天是军军的生日，军军约上我们几个好朋友一起去吃饭K歌。饭桌上，军军点了两瓶安徽亳州的古井贡酒，让我们尝尝。大家一尝这酒，都交口称赞。

"不错不错，今天第一回喝这个古井贡酒，果然是色清如水晶、香醇似幽兰、入口甘美醇和、回味经久不息，不愧是中国名酒啊！"我忍不住称赞道。

"'小税务'，别光顾喝酒呀，给我们说说这酒里面究竟有多少税？"一个朋友问道。

趁着酒劲，我又开始侃侃而谈了。

"涉及酒类的税收有消费税、增值税、营业税、企业所得税以及相关附加等。以2011年为例，酿酒企业缴纳的税额为456.4亿元。其中增值税127.2亿元，消费税245亿元，企业所得税41.5亿元。当然，在酒类销售环节也涉及增值税、企业所得税等税收，但总的来说，酒类企业上缴的税收总额不是很大，在税收收入中所占比重不高。"

"先讲消费税，就白酒而言，原来的消费税政策规定是分为粮食白酒和薯类白酒的，粮食白酒的税率较高，而薯类白酒的税率较低。但目前的政策规定，对白酒统一适用20%的税率，再加上每500克或500毫升0.5元的税额。对啤酒来说，甲类啤酒〔每吨出厂价（含包装物及包装物押金）在3,000元（含3,000元，不含增值税）以上〕是每吨250元，乙类啤酒〔每吨出厂价（含包装物及包装物押金）在3,000元（不含增值税）以下〕是每吨220元。另外，黄酒的消费税是每吨240元；其他酒和酒精则分别适用10%和5%的比例税率。除了消费税，还有17%的增值税、25%的企业所得税，娱乐场所提供的酒还要统一按照20%的税率缴纳营业税。可以看出来，酒类商品的税收负担并不轻。越贵的酒，缴的税越多。"

突然，我发现大家都用不知是不是叫"钦佩"的眼神看着我，弄得我都有点不好意思了，赶紧说："喝酒喝酒！"

今天，我们一直玩到深夜才回家。

回家的路上，我想，和对烟征重税一个道理，酒是用粮食做成的，对酒征税，一方面有利于减少酒类消费，促进粮食节约，另一方面也有利于人们养成更加健康的生活习惯。

2012 年 9 月 30 日

我们吃馒头要缴"馒头税"吗?

今天,我陪妈妈去超市逛。超市里人山人海,特别是冷冻柜前。我好不容易帮妈妈买到几包速冻馒头花卷和饺子。排队交钱的时候,听到后面两个阿姨在聊天。

"现在馒头可贵了!"

"是啊,听说,政府征了'馒头税',所以馒头贵了!"

我一听,忍不住和那个阿姨说:"阿姨,政府没有征'馒头税','馒头税'其实是指对馒头生产企业征收的增值税,而并非是专门开征的'馒头税',税率是 17%。"

那阿姨愣住了,问道:"没有'馒头税',有'挂面税'、'饺子税'吗?"

"呵呵,阿姨,其实我们吃的食品加工企业生产的馒头、挂面和饺子等食品都含有增值税,《增值税暂行条例》明确规定,粮食、食用油按照 13% 的税率征收。根据 1994 年出台的《农业产品征税范围注释》,切面、饺子皮、米粉等粮食复制品,按照粮食的税率征收。而以粮食为原料加工的速冻食品、方便面、副食品和各种熟食品,则应该按照 17% 的税率征收。所以,对馒头征的增值税比挂面的增值税高。因为,馒头是熟的粮食加工品，而挂面是生的粮食复制品。"

"小伙子，那么如果有厂家专门卖熟的米饭，是不是要按照17%的增值税率征收？"

"阿姨，你真聪明！"我向阿姨竖起了大拇指。

回家的路上，我一直在想这个问题。在现代化大生产体系中，生产馒头的机器并不比生产挂面的更复杂，做一斤馒头也并不比做一斤挂面更麻烦。这种生熟食的税率的划分在公众的视野中，明显缺乏合理性，更不用说这又凭空增加了百姓的税负。

经过十几年的发展，无论是社会生活还是企业的生产工艺，都发生了很大的改变。"馒头税"在过去或许从来不是问题。因为，在十几年前，馒头还是食堂和小作坊的天下，其最多是按照小规模纳税人3%的税率缴税，营业额特别低的甚至不缴税。而现在，一些规模企业也参与进来后，"馒头税"的问题就出现了。因此，对于农产品企业的征税标准需要与时俱进地重新审查和修改。

"小税务"提示——小规模纳税人

为了管理方便，根据企业规模大小和会计核算情况，将增值税纳税人划分为一般纳税人和小规模纳税人。一般纳税人使用增值税专用发票，进项税额可以抵扣，适用法定税率17%。小规模纳税人不能使用增值税专用发票，不能抵扣进项税额，征收率为3%。现行规定小规模纳税人的标准为：从事货物生产或者提供应税劳务的纳税人，以及以从事货物生产或者提供应税劳务为主，并兼营货物批发或者零售的纳税人，年应征增值税销售额（以下简称应税销售额）在50万元以下（含）；其他纳税人，年应税销售额在80万元以下（含）。（注：需要注意的是，纳入"营改增"范围的小规模纳税人标准有所不同。）

多年以来，各界一直在呼吁减轻农产品加工企业的税负。其实，不只

是馒头企业面临17%的增值税税率,很多农产品深加工企业都面临同样的问题。也就是说,我们面临的其实远不止一个"馒头税",或许也在缴纳着过高的"某菜税"、"某果税"等。农产品企业的高税负最终都将直接造成食品价格的上涨,拉大CPI的增幅。

"馒头税"虽不是一个正确、科学的叫法,但人们热议"馒头税"的背后却是民生税负的真实感受。不能因为国家征收的税种中并没有"馒头税"一项,就忽视企业、百姓真正的焦虑。

2012年10月10日

从境外买的商品带回国内需要纳税吗?

军军和莉莉去美国旅游度蜜月了。我好生羡慕呀!什么时候我也能像军军那么潇洒?说来也巧,我今天正想念军军这个老朋友呢,就接到他打给我的电话。真是心有灵犀啊!

"'小税务',我想在西雅图买台数码摄像机回来,过海关的时候需要交什么税吗?"

"按税法规定,要交进口关税、增值税。不过,如果你拆开包装,装成自己是带出境旅行时候拍摄又重新带入境的,就不需要交税了。"

"哦,行,好主意!谢谢!回来再联系。"

挂上电话以后,我立刻上淘宝网看数码摄像机的价格,蹦出来一些海淘的网店。这些网店其实就是一些海外代购商品的网店,很受欢迎。究其原因,就是因为不少商品在国内的价格要高于发达国家。进口环节税收很高吗?为什么那么多人通过海外代购等方式购买商品?带着这些问题,我打电话请教在税务师事务所工作的陈俊。陈俊不愧为专家,立刻就给了我答案。

"海外代购会如此热火朝天与我国的进口税收政策有一定关系。因为不用缴纳进口税,海外代购的商品往往比国内正规渠道购买的国外商品价格要低很多。比如奶粉,要缴纳17%的进口增值税和40%的关税;如果是最惠国,则缴纳17%的增值税和5%的关税。而海外代购通过个人携带等手段逃避了高额的税收。"

"那为什么要在进口环节征那么高的税呢?"我问。

"因为进口税收对于促进国内外公平竞争、保护国内企业和百姓的利益都具有重要意义。但降低进口税收至少有三方面的好处:

一是有利于老百姓购买力的增强。进口税收最终要反映在商品价格上,降低进口税收无疑能使老百姓有能力购买更多的商品,这也是惠及民生的好事。

二是有利于纠正对普通商品的扭曲效应,还普通商品以本来面目。正是过高的进口税收使得国外的奶粉、化妆品等普通商品,在国内"摇身一变"成了老百姓心目中的奢侈品。降低进口环节税收,使我国民众购买到价格适中的国外产品,从这个意义上讲,也是有利于民生的大好事。

三是有利于防止税收流失。过高的进口税收使得海外代购等行为大行其道,海外代购生意的红火又与大量的税收流失紧密相关。降低进口税收,将压缩海外代购的利润以及规模,减少税收流失。"

听完陈俊的解释,我又上网查了查资料,发现其实近20年来,为了适应对外贸易经济合作的发展,我国的进口关税税率水平逐步降低。尤其是2001年入世以后,中国政府按照入世承诺连续下调了进口关税税率,目前关税的算术平均税率为9.8%,比1992年年初的43.2%下降了77%。恰当的进口税收是国际上通行的惯例,是必要而且合理的。进口税收不仅仅是取得财政收入的重要来源,也是保护国内产业的重要手段,没有进口税收,大量国外商品涌入,国内薄弱产业受到冲击,会造成失业等严重后果。因此,我们在降低进口税收的时候,必须把握好分寸,既要使老百姓能购买到价廉物美的国外商品,减少税收流失,又要起到有效保护国内相关产业的作用。

2012年10月13日

同样的商品，为啥国内就比国外贵那么多？

军军和莉莉从美国度蜜月回来了。他们昨天约了我去喝下午茶，顺便聊聊他们在美国的见闻。

莉莉特别兴奋地说："我在美国的超市里看到东西好便宜！同一个牌子的鞋，在美国超市卖19.9美元，在国内卖499元；卖39.9美元的牛仔裤，在国内卖699元；还有T恤、手表、护肤品、皮包……都比国内便宜。幸好我带了两个大箱子去。"我听了，不禁思考，是不是税收造成了国内外商品之间的价格差异？就算加上关税和增值税，日用品的价格也不至于差距这么大呀。于是，我今天去采访母校的李教授。把这个问题作为深度分析报道，估计会挺受欢迎。

今天按约定时间，我准时来到李教授办公室对他进行采访："李教授，中美两国的税收负担差距大吗？为什么一些日用品在美国的价格比在中国低不少呢？"

李教授回答说："中美两国的税收负担是基本一致的，税制结构可能是造成价格差异的重要因素。中美两国税制结构的差异，主要体现为：中国税收制度以流转税为主，约占全部税收收入的70%；而美国则以所得税为主，其中，个人所得税占全部税收（含社会保障税）的38.1%，公司所得税占比相对较小，仅为11%。另外，美国开征社会保障税，其占全部税收收入的23.4%；中国尚未开征社会保障税，但向政府公务员、企业员工及其他社会群体征收社会保障费。

"小税务"提示——流转税

又称流转课税，是一种税类。按照课税对象的不同，税收可以分为流转税、所得税、财产税等。流转税是指从纳税人商品生产、流通环节的流转额或者数量以及非商品交易的营业额为征税对象的一类税收。增值税、消费税、营业税、关税是典型的流转税。流转税是我国现行税制中最大的税类，其主要特点：第一，以商品生产、交换和提供商业性劳务为征税前提，征税范围较为广泛，既包括第一产业和第二产业的产品销售收入，也包括第三产业的营业收入；既对国内商品征税，也对进出口的商品征税，税源比较充足。第二，以商品、劳务的销售额和营业收入作为计税依据，一般不受生产、经营成本和费用变化的影响，可以保证国家能够及时、稳定、可靠地取得财政收入。第三，一般具有间接税的性质，特别是在从价征税的情况下，税收与价格的密切相关，便于国家通过征税体现产业政策和消费政策。第四，同有些税类相比，流转税在计算征收上较为简便易行，也容易为纳税人所接受。

按照税收转嫁理论，流转税比较容易转嫁，其税负将体现在最终物价中。而所得税不易转嫁，这些税种与商品价格没有直接关系。即使两个国家所征收的税收收入是完全相同的，但由于流转税（或间接税）所占的比例不相同，在其他情况相同的条件下，那么商品的价格也会有所不同。举例来讲，A、B两国征收的税收收入均为100亿，其中A国的流转税占比70%，而B国的流转税占比为30%，那么加在商品价格上的税金则存在明显的差异。如果假定A、B两国的商品成本和利润水平的总额相同，均为

200亿，那么A国的商品价格将达到270亿，而B国的商品价格仅为230亿（在这里，为说明问题，假设流转税可以完全转嫁）。"

李教授接着说："虽然税收因素确实在一定程度上导致了两国商品的价格差异，但其贡献率并不如大家想象的那么大。除了税收因素，我们还必须关注其他因素对两国商品价格的影响，如物流费用、商品进场费用等商品流通费用的影响，商品利润与定价策略因素的影响，货币汇率变化的影响，等等。"

我问道："李教授，若要改变这种国内商品价格高于国外的局面，将部分居民在国外实现的消费转移到国内，我们应该采取什么措施呢？"

李教授说："需要调整我国的税制结构，实行以所得税为主的税制结构；改革我国的征管体系，形成'直接+存量'的征管体系；还必须有效降低商品的流通费用，特别是我国高企的物流费用和商场进场费，合理估价人民币的汇率，正视不同商品的市场策略和价格定位问题……"

今天的采访非常顺利，我今晚得加班把这篇采访稿子写出来了。

2013年1月20日

购物卡盛行与税有关系吗？

又快到春节了，税务师事务所的陈俊说是年前要去女朋友家见家长，要给女朋友家人买些见面礼，约上我一起去王府井逛逛，替他参谋参谋，我欣然前往。他掏出一张购物卡来结账。我就纳闷了，怎么购物卡这么流行？我都还没有仔细思考过这个问题。陈俊是税务师事务所的，我就直接向他发问了："陈俊，你说购物卡这么流行，和税有没有关系？"

陈俊笑着说："当然有关系。以购物卡代替现金或实物作为员工福利，实际上是在逃税。有些工资高的企业，如果发钱，要缴税；如果发实物，按规定也要缴税；而发卡，拿到卡的员工可以不缴个人所得税，企业则能够用购卡的发票规避掉企业所得税。"

"据我所知，有的公司每到过年过节都会买大量购物卡，原因很简单，就是为了避税。他们买购物卡，一般是找专门做这个生意的公司，发票项目一般就是'培训费用'、'会议费'等，还可以把发票开成'包装物'等，作为税前扣除项目，把这部分钱从需要纳税的部分划出去，这笔税就省了。这样，买10万元的购物卡，能少缴2万多元的税。"陈俊补充说。

"果然是税务师事务所的，对税收实务真清楚！"我称赞道。

可以看出，购物卡的大行其道，与税收存在较大关系。如何减少并规范购物卡的使用行为、有效堵塞税收漏洞，这是一个值得思考的问题。

2013 年 1 月 26 日

买衣服要缴税吗？

今天，我妈说我天天换来换去就那两件外套，都洗旧了，让我去买两件好的过年。我来到王府井，慢慢地边逛边挑。今年的衣服价格贵了不少。

正逛着，突然有人叫我："'小税务'，逛街呢？"

我回头一看，原来是莉莉。我笑着说："怎么，在美国还没采购完呀？来王府井继续？"

"哈哈，'小税务'，问你一个问题，我们每个人都要买衣服，怎么好像从来没有为衣服缴税呢？"

"通常来讲，一件衣服的价格中包含了 16% 多的税。即花 100 元买件衣服，14.53 元的增值税和 1.74 元的城建税、教育费附加、地方教育附加也随之缴纳，有利润的还要缴纳所得税，如果是进口品牌，还要加上关税。"

"那要是我和军军以后有了孩子，我们这个家庭在衣服的税收上要花多少钱呢？"

"我举个例子吧。假设军军每年在衣服上消费 4,000 元左右，你的孩子消费 3,000 元左右，两个人在穿着上年开销基本在 7,000 元左右，那么，相关税收就将近 1,200 元。而你这个时尚达人可能自己每月衣服开销就要 600 元左右，一年下来税收也是近 1,200 元。这样你们一家每年买衣服，就'缴纳'相关税收 2,000 多元。当然你们并没有自己缴纳，是生产和销售的企业代替你们缴纳了。但税收负担最终还是要由你们这样的消费者来承担的，所谓'羊毛出在羊身上'啊。所以，买衣服已经缴税了。"

2013年2月6日

孩子的培训教育要缴税吗？

今天去姐姐家拜年，看见可爱的小外甥阳阳。阳阳给我们表演了一段跆拳道，非常精彩，我们大家都使劲鼓掌。我问姐姐："阳阳都参加了什么培训班？学费贵吗？"

"阳阳参加了两个培训班，一个是象棋班，另一个是跆拳道班。每个班每个月的学费是400元。一年下来培训班费用都要上万呢。对了，你不是学税收的吗，你说这和税有没有关系？"

"这学费里其实包含了税。因为这些培训机构会把税负转嫁到学费里。譬如营业税5%，城建税为营业税的7%，教育费附加和地方教育附加分别为营业税额的3%和2%。"

"哈哈，很专业。算算我们一年下来缴了多少税？"姐姐说。

"初步算下来，孩子一个月培训班支出800元，其中税费至少42元。一年下来就有504元。算上教材费、资料费等其他教育支出，几年下来这也不是一个小数目。"

"天哪！确实是个不小的数目。税收真是无处不在啊！"

想想真是，天下确实没有免费的午餐，我们在享受政府提供的治安、国防、基础设施等公共服务的同时，每个人都在为国家做贡献，基本上老百姓的消费行为都涉及税收，只不过有的不明显，有的明显罢了。

2013 年 4 月 3 日

复印店老板说开发票要加 8 个百分点，合理吗？

今天回母校和陈俊以及他的一个朋友吃饭，聊到复印费开发票的事情。

陈俊的朋友是在读博士研究生，今年二年级。他经常要复印书籍资料，一般也就十几二十几块钱，所以平时也没有开发票。今天帮老师复印了 6 本书，总共花了 100 元，老师专门叮嘱要开发票，想着平时也经常来复印，要个发票应该没什么问题。于是他就和老板说："老板，能不能给开个发票？"没想到，老板说："开发票是要加 8 个百分点的，100 块钱，开发票的话，要收 108 元。"

陈俊刚好也在场，当即反驳他："老板，这也太多了吧。我给你算算。一般来说，开打字复印店需要缴纳营业税、城市维护建设税、教育费附加、地方教育附加，合计适用税率是 5.6%；另外，你们复印店应是个体工商户，虽然还可能涉及个人所得税、房产税等，但是，实际情况一般没有那么复杂，税务局核定一个每月缴纳的税额，每月允许开多少钱的发票。如果不超过规定发票数额，就按核定税额缴税。所以，我要求开发票，你不应该给我加到 8 个点。"

老板当场无语，只收了陈俊 105 元，相当于加了 5 个点。

熟悉税收知识真不错啊，关键时候还能砍价，省下的 3 元，可以买个麦当劳的甜筒了，呵呵。

2013年4月18日

购买实物黄金还是黄金首饰？

今天，我乘车路过中金黄金在安定门的旗舰店，一看，我惊叹道："怎么金铺门前人山人海？"

旁边的美女乘客说："你不知道这段时间黄金价格暴跌吗？大家都趁低来买些实物黄金当作投资。"

"哦，原来如此呀！都来抄底了。"

"我明天也过来买些。不过不知道买金条好还是买黄金首饰好。"

"如果是单纯投资用，我认为是买实物黄金划算。因为我们国家规定，对贵重首饰及珠宝玉石（包括各种金、银、珠宝首饰及珠宝玉石）都要征收消费税，贵重首饰及珠宝玉石的征收范围包括各种金银珠宝首饰和经采掘、打磨、加工的各种珠宝玉石，其中金银珠宝首饰包括:任何以金、银、白金、宝石、珍珠、钻石、翡翠、珊瑚、玛瑙等高贵稀有物质以及其他金属、人造宝石等制作的各种纯金银首饰及镶嵌首饰（含人造金银、合成金银首饰等）。因此，黄金（指未经加工成为首饰之前，如金条等）不属于消费税的征税范围。而黄金首饰、黄金合金首饰以及黄金、黄金合金的镶嵌首饰（不包括镀金、包金首饰和镀金、包金的镶嵌首饰）则按规定在零售环节征收消费税。目前金、银和金基、银基合金首饰，以及金、银和金基、银基合金的镶嵌首饰的消费税税率是 5%。"我解释道。

"那就是说购买金条是不含消费税的，而购买黄金首饰的价格里就含了消费税。所以如果是以投资为目的的，购买金条可以节省一道消费税。"美女说道。

"对，非常正确！其实，就算是购买金条，价格里也已经含了好几种税收，有增值税、资源税、城市维护建设税、教育费附加，而购买黄金首饰则要再多负担一种消费税。"

"真谢谢你呀！你是税收专家吗？"

"哪里，我只是税收知识的爱好者。"

国家对贵重首饰及珠宝玉石征收消费税的目的其实是引导人们减少对非生活必需品和奢侈品的消费，同时增加税收收入。

2013年5月6日
想美，就多缴税

今天单位里坐我对面的刚毕业的小美女老低头看镜子。我就好奇地问她："今天怎么那么爱照镜子？"

"'小税务'，你有没有觉得我今天特别漂亮？"

我装作仔细瞧了瞧："当然有！为什么？"我想着肯定要说漂亮，不然她不会告诉我。

她神秘兮兮地拿出一样东西递给我，我一看，原来是一支迪奥的口红。

我说："不错嘛！考考你，你知不知道这只小小的口红里面含有多少税？"

她说："这我还真没想过，只知道它特别贵！"

"其实，这支口红的价格里大概 50% 都是税。"

"不是吧！你快算算。"

"假设一支迪奥的口红进入中国前的关税完税价格是 100 元人民币，它在进口这一环节，需要交 10% 的关税，17% 的增值税，30% 的消费税。其中关税是 100 元 × 10%=10 元，消费税是（100+10）元 /（1-30%）× 30%=47.14 元，增值税是（100+10）元 /（1-30%）× 17%=26.71 元，三项合计是 83.85 元。"

"哇，就进口一个环节的税收就这么高了！如果入境后再多次销售才到我们最终消费者手中，那含的税金还会更高。"

"是啊，所以你们买越多的进口口红、香水，对我们国家的税收贡献就越大啊！我代表国家谢谢你！"

"不客气，这是美丽的代价。"小美女朝我做了个鬼脸，又继续低头照镜子了。

我在心里暗暗感慨：怪不得网上有资料说2012年海外代购的市场交易规模达到近500亿元，其中，交易量排名第一的是化妆品。国家是否该对这些商品的进口关税、消费税做出一些调整，让这些商品以正常途径进口，防止巨大的税收流失呢？

2013年5月11日

要对网店征税了吗？

又是一个阳光明媚的周末，我有好长一段时间没打球了，"正好可以和军军切磋一下"。想到做到，我马上拨通了军军的电话，

"军军，忙啥呢？下午切磋一下？"

"我正忙着呢，没空。"军军的语气里透着焦急。

"是不是上次给我打怕了，哈哈……"我暗自偷笑。

"我会怕你个手下败将？我正上网购物呢。"军军不服气。

"买什么？这么急。"我有些诧异。

"买电视、空调、冰箱，还有莉莉的化妆品，再不买就迟了。"

"迟什么，明天世界末日啊？"

"末日你个头。"军军说，"国家即将要对网上电商征税，羊毛出在羊身上，网上商品马上要涨价了。"

"哦，原来如此。怎么我一点风声都没听过？"我恍然大悟一样。

"网上现在炒得沸沸扬扬，你自己上网看吧。"军军挂断了电话。

带着种种疑问，我马上进行了跟踪了解。事件的起因和经过原来是这样的。2013年2月25日，国家税务总局发布了《网络发票管理办法》，没过几日，"国家要对电商征税"的消息便不胫而走，很多人想当然地认为，

网络发票的推出和规范,是为向电商征税做准备。"想象"的空间是无限的,于是,"电商会将税负最终转嫁给消费者,从而提高网络销售商品价格"这样的大胆假设很快就占领了网络的大小空间,是流言还是未知的真相?多年的职业敏感告诉我不能武断下结论,我想到了李教授。于是急不可待地赶到了李教授的办公室,只见陈俊等一大帮人已经围在李教授身边,讨论的居然都是同一个话题:国家要对电商征税吗?

"李教授,您认为《网络发票管理办法》真像网络上所说,是国家对电商征税的前奏吗?""'小税务'的求知欲真是强。"李教授笑着说,"为加强普通发票管理,保障国家税收收入,规范网络发票这一新鲜事物的开具和使用,国税总局出台了《网络发票管理办法》,这属于信息管税的内容,与是否加强对电商的税收征管力度并没有直接关系,甚至可以说风马牛不相及,但部分人见'网络'二字而凭空想象,臆测国家将加强对电子商务的征税管理,导致人云亦云,流言泛滥,这一方面有公众对税收专业知识一知半解、惯性思维的原因,同时也反映出我们税务部门对税收政策的解读和宣传还应该更加及时和深入,避免政策被公众误读。特别是对公众比较关注的涉税事项,如何借助传统媒体和新媒体传递给公众正确的信息,还应进一步创新思路,采取更有效率的措施。"

"小税务"提示——信息管税

是以现代信息为依托,以涉税信息的采集、分析、应用为主线,优化资源配置,完善税源管理体系,加强业务与技术融合,着力解决征纳双方信息不对称问题,不断提高税法遵从度和税收征收率的税收管理方法。信息管税是全面提高税收征管水平的必由之路,目前的社会是信息社会,信息管税对于税务部门强化税源管理、防范税收风险、提高税法遵从度具有十分重要的作用。

李教授最后还告诉大家,网店等电商与实体商店一样,都要缴纳相应的税收。只不过以前税收征管跟不上,加上电商属于新兴产业,许多网店未纳入税收征管范围。今后进一步规范对网店的税收征管是大势所趋。

四

个人税收篇

篇首语:个人所得税是老百姓最常接触的税种之一,与人们的收入和利益息息相关。近年来随着经济的发展,人民生活水平的不断提高,个人所得税的相关政策也在不断地变化。本篇重点介绍了工资、薪金所得,劳务报酬所得,稿酬所得如何纳税,同时回答了个体工商户的相关税收、12万元申报是怎么回事、加班费和抽奖是否征税等问题,并且介绍了人们如何对自己的收入进行合理的税收筹划,从而合法地获取最大的收益。

2012 年 1 月 30 日

个人所得税收知多少？

个人所得税与我们普通老百姓的关系最为密切，甚至很多人认为只有个人所得税和自己相关。其实个人所得税只是大家感受最明显的税种之一。个人所得税究竟包括哪些项目？

（1）工资、薪金所得，是指个人因任职或受雇而取得的工资、薪金、奖金、年终加薪、劳动分红、津贴、补贴以及与任职或受雇有关的其他所得。适用七级超额累进税率。

（2）个体工商户的生产、经营所得，是指个体工商户从事工业、手工业、建筑业、交通运输业、商业、饮食业、服务业、修理业以及其他行业生产、经营取得的所得；个人经政府有关部门批准取得执照，从事办学、医疗、咨询以及其他有偿服务活动取得的所得；其他个人从事个体工商业生产、经营取得的所得。适用五级超额累进税率。

（3）对企事业单位的承包经营、承租经营所得，是指个人承包经营、承租经营以及转包、转租取得的所得，包括个人按月或按次取得的工资、薪金性质的所得。适用五级超额累进税率。

（4）劳务报酬所得，是指个人从事设计、装潢、安装、制图、化验、测试、医疗、法律、会计、咨询、讲学、新闻、广播、翻译、审稿、书画、雕刻、影视、录音、录像、演出、表演、广告、展览、技术服务、介绍服务、经纪服务、代办服务以及其他劳务取得的所得。在减除法定费用后适用税率20%，对劳务报酬所得一次收入畸高的实行加成征收。

（5）稿酬所得，是指个人因作品以图书、报刊形式出版、发表而取得的所得。适用比例税率20%，并按应纳税额减征30%。

（6）特许权使用费所得，是指个人提供专利权、商标权、著作权、非专利技术以及其他特许权的使用权取得的所得；提供著作权的使用权取得的所得，不包括稿酬所得。

（7）利息、股息、红利所得，是指个人拥有债权、股权而取得的利息、股息、红利所得。

（8）财产租赁所得，是指个人出租建筑物、土地使用权、机器设备、车船以及其他财产取得的所得。

（9）财产转让所得，是指个人转让有价证券、股权、建筑物、土地使用权、机器设备、车船以及其他财产取得的所得。

（10）偶然所得，是指个人得奖、中奖、中彩以及其他偶然性质的所得。

（11）经国务院财政部门确定征税的其他所得。

以上（4）到（11）这些项目，都适用20%的比例税率。

2012 年 2 月 6 日

我们的月工资和年终奖有多少缴了税？

"'小税务'！"

不用抬头，我就知道是风风火火的莉莉大驾光临了，赶紧起身让座。

"嫂子啊，是什么风把你给吹来了？"

"今天啊，我是来学习的，你一定要好好辅导我工资方面的个人所得税问题！"

"这么好学啊！行，我先看看你现在掌握到什么程度了。出道题给你。如果一个人每月工资收入 8,000 元左右，当然是已经扣除了基本养老保险费、基本医疗保险费、失业保险费和住房公积金的，应该交多少个人所得税啊？"

"这个简单，需要缴纳的个人所得税为 4,500 元 × 10%-105 元 =345 元。"

我点点头，算得确实是正确的。如果每月 8,000 元的工资，应纳个人所得税为 345 元，税后收入为 7,655 元。当然，如果没有扣除"三险一金"，则要先扣掉再计算，税额肯定要少于这个数字。

工资、薪金所得个人所得税税率表

级数	全月应纳税所得额（含税级距）	税率（%）	速算扣除数（元）
1	不超过 1,500 元	3	0
2	超过 1,500 元至 4,500 元的部分	10	105
3	超过 4,500 元至 9,000 元的部分	20	555
4	超过 9,000 元至 35,000 元的部分	25	1,005
5	超过 35,000 元至 55,000 元的部分	30	2,755
6	超过 55,000 元至 80,000 元的部分	35	5,505
7	超过 80,000 元的部分	45	13,505

"基本的你已经会了，你还想学些什么呢？"

"这次来，我主要想学下补发工资应该怎样交个人所得税？"

"这要视情况而定，不能简单地将补发的工资、奖金与当月的工资、奖金累加计征。

具体分三种情形。如果属于补发以前月份固定工资，则应分月与原发工资合并计算缴纳个人所得税，不与发放当月的工资、薪金合并计算缴纳个人所得税；如果属于补发以前月份有考核性质的工资，则应按个人取得数月奖金有关规定计算缴纳个人所得税；而属于全年一次性奖金的，按个人取得全年一次性奖金有关规定计算缴纳个人所得税。"

"懂了，那年终奖如何计税的，好像挺麻烦的。"莉莉问。

"哟，单位福利挺好呀，发多少呀，有没有十万呀？"我逗她道。

"别挖苦我了，我都不好意思和别人说，我们单位也就发一两千块钱。唉，郁闷啊！还要计算个人所得税，你还这么刺激我。真是的。"

"好好好，是我错了。我给你举几个例子，保证让你会算。新个税法对于全年一次性奖金计算个税有特殊规定：可单独作为一个月工资、薪金所得计算纳税，允许除以12个月确定税率；但在一个纳税年度内，对每一个纳税人，该计税方法只允许采用一次。

另外，全年一次性奖金根据工薪所得是否高于 3,500 元，分为两种计税方法。

年终奖计税公式一

取得全年一次性奖金当月，个人工薪所得高于（或等于）费用扣除额（3,500元）的，计算公式为：应纳税额＝个人当月取得的全年一次性奖金×适用税率－速算扣除数。

举例来说：李先生年终奖金是24,000元，而且当月工资为3,600元。我们先算税率：24,000元÷12=2,000元，那么对应税率表应该是10%的税率和105元的速算扣除数。

按照公式，应纳税额：24,000元×10%－105元=2,295元。

年终奖计税公式二

取得全年一次性奖金当月，个人工薪所得低于费用扣除额（3,500元）的，计算公式为：

应纳税额＝（个人当月取得全年一次性奖金－个人当月工薪所得与费用扣除额的差额）×适用税率－速算扣除数

举例来说：

张先生在某公司工作，2011年12月8日取得工资收入3,200元，当月又一次取得年终奖金24,300元，其应缴纳多少个人所得税？张先生因当月工资不足3,500元，可用其取得的奖金收入24,300元补足其工资差额部分300元，剩余24,000元除以12个月，得出月均收入2,000元，其对应的税率和速算扣除数分别为10%和105元。应纳税额＝（24,300+3,200－3,500）元×10%－105元=2,295元。"

"怎么样？够详细了吧。"我通过在纸上写写画画终于给她解释清楚了。

"原来是这样，谢谢你呀，'小税务'，以后我可要经常来咨询你哟！"

"尽管来，只要你多发工资奖金，我就不在乎多算几道个人所得税题目，哈哈……"

2012 年 2 月 12 日

加班费也要缴个人所得税？

这个莉莉呀，果然没有食言，才过了几天，又来了，不过这次可是怒气冲冲的。

"'小税务'呀，加班费还要征税？我们元旦放假几天还在辛苦加班，好不容易赚点加班费，完了还要'割肉'给加班税，真是气死我了！"

"快喝杯水，消消气儿，听我给你慢慢道来：

按照《劳动法》对节假日加班工资的规定，休息日安排劳动者工作又不能安排补休的，支付不低于工资的百分之二百的工资报酬；法定休假日安排劳动者工作的，支付不低于工资的百分之三百的工资报酬。而节假日的加班费不属于国家统一发放的补贴和津贴，应该纳入工资依法缴纳个税。我国《个人所得税法》规定，按照国家统一规定发给的补贴、津贴，是指按照国务院规定发给的政府特殊津贴、院士津贴、资深院士津贴以及国务院规定免纳个人所得税的其他补贴、津贴。

显然，你们的加班工资不属于国家统一规定发给的补贴、津贴，所以要并入工薪收入依法征税。"

"这样呀，看来是我误解了补贴和津贴的含义。"

"其实，国家统计局在1990年发布的《关于工资总额组成的规定》中就已经明确，工资总额包括了加班加点工资等六个部分。所以早在22年前，加班费应该缴纳个税就已经非常明确了。还有啊，除了加班费外，需要并入当月工资、薪金计算个人所得税的还包括节日奖、考勤奖、物价补贴、误餐补贴、上下班交通费等与任职受雇有关的所得。"

"我记住了。好了，我的气也消了，赶紧回去算税去了！"

2012年4月3日

12万元以上申报是怎么回事？

"'小税务'啊，又要麻烦你当老师了。"拿起电话，一个熟悉的女高音震耳欲聋，看来这个莉莉是又碰到难题了。

"怎么了？又是哪方面的问题呀？照这样下去，我可要被你给掏空了。"

"这次给我讲讲12万元以上申报是怎样规定的？"

"呵呵，这么快就成为地税局重点监控的高收入群体了。"我和她开玩笑。

"我倒是想啊，是我们老总呀！"莉莉叹了口气。

"放心吧，你也会有那么一天的。言归正传，自2006年以来呢，年所得达到12万元的纳税人无论取得的各项所得是否已足额缴纳了个人所得税，无论代扣代缴单位是否按规定为其进行了个人所得税明细申报，无论纳税人是否按照税法规定进行了日常自行申报，均应于纳税年度终了后3个月内向主管税务机关办理年度自行纳税申报。"

"啧啧，真是才子呀，你这三个'无论'快赶上'三个代表'了。"

"过奖过奖。你们老总是在中国居住吗？这里说的年所得12万元以上的纳税人，可不包括在中国境内无住所，且在一个纳税年度内在中国境内居住不满1年的个人。"

"他是有固定住所的中国公民，但是除了我们单位，他在另外一家企业也担任要职。"

"这样呀，那就涉及在哪申报的问题了，如果在中国境内有任职、受雇单位的，向任职、受雇单位所在地主管税务机关申报。在中国境内有两处或者两处以上任职、受雇单位的，选择并固定向其中一处单位所在地主管税务机关申报。我再给你讲得更详细点，在中国境内无任职、受雇单位，年所得项目中有个体工商户的生产、经营所得或者对企事业单位的承包经营、承租经营所得（以下统称生产、经营所得）的，向其中一处实际经营所在地主管税务机关申报。

在中国境内无任职、受雇单位，年所得项目中无生产、经营所得的，向户籍所在地主管税务机关申报。在中国境内有户籍，但户籍所在地与中国境内经常居住地不一致的，选择并固定向其中一地主管税务机关申报。在中国境内没有户籍的，向中国境内经常居住地主管税务机关申报。"

"你这法规背得这么熟呀，叫你'小税务'都有点屈才了，应该叫你'税务小百度'！对了，这个12万元是否包括那些养老保险等费用？"

"根据相关政策，单位按照国家规定为个人缴付和个人缴付的基本养老保险费、基本医疗保险费、失业保险费、住房公积金等，可以不计算在年所得中。"

"那以后有没有可能提高标准？"

"说实在的，随着人们收入的逐步提高，过几年年收入12万元不再属于高收入了，在实施综合与分类相结合的个人所得税制前，还是有可能提高标准的，比如提到15万元。"

2012年6月2日

劳务报酬所得如何缴纳个人所得税？

"咚咚咚"，传来一阵轻轻的敲门声。

"请进！"

只见莉莉领了一位美女走了进来。

"'小税务'啊，今天给你介绍我们单位的一位美女加才女——敏敏。"

"我说呢，嫂子你今天怎么这么淑女呢，原来是和淑女在一起被同化了呀！"

"你就贫吧！"

说笑间，我已了解清楚她们的来意，原来是专门来了解劳务报酬所得如何缴纳个人所得税的。

"是这样的，劳务报酬所得是指从事各种技艺、提供各项劳务取得的所得。如从事设计、装潢、安装、制图、化验、测试、医疗、法律、会计、咨询、讲学、新闻、广播、翻译、审稿、书画、雕刻、影视、录音、录像、演出、表演、广告、展览、技术服务、介绍服务、经纪服务、代办服务以及其他劳务取得的所得。"我侃侃而谈。美女在前，此时不表现，更待何时？

"那担任独立董事之类的收入算不算劳务报酬？"

"个人担任董事、监事,且不在公司任职、受雇的情形,属于劳务报酬性质,按劳务报酬所得征税。"

"在实务中,营销业绩奖励是否也要算作劳务报酬?"

"是的。对商品营销活动中,企业和单位对营销业绩突出的非雇员以培训班、研讨会、工作考察等名义组织旅游活动,通过免收差旅费、旅游费对个人实行营销业绩奖励(包括实物、有价证券等),应根据所发生费用的全额作为该营销人员当期的劳务收入,按照劳务报酬所得项目征收个人所得税,并由提供上述费用的企业和单位代扣代缴。另外,一定要注意,个人兼职取得的收入,应按照劳务报酬所得项目缴纳个人所得税。"

"那你说,劳务报酬所得与工资、薪金所得有什么区别?"

"这个区别还是比较明显的。劳务报酬所得是个人独立从事各种技艺,因某一特定事项临时为外单位工作取得的报酬。工资、薪金所得属于非独立个人劳务活动,与单位存在工资人事方面的关系,为本单位工作取得的所得。是否存在雇佣与被雇佣的关系,是判断一种收入是属于劳务报酬所得,还是属于工资、薪金所得的重要标准。后者存在雇佣与被雇佣的关系,而前者则不存在这种关系。"

看到敏敏赞许的目光,我讲得更加起劲儿:"我再给你们详细说说劳务报酬所得额是如何确定的。一般来讲,劳务报酬所得,属于一次性收入的,以取得该项收入为一次;属于同一项目连续性收入的,以一个月内取得的收入为一次。个人兼有不同的劳务报酬所得,应分别减除费用,计算缴纳个人所得税。

这个'属于同一项目连续性收入的,以一个月内取得的收入为一次'可是有统一规定的,以县(含县级市、区)为一地,其管辖内的一个月内的劳务服务为一次;当月跨县地域的,则应分别计算。"

正当我口若悬河之际,莉莉冷不丁打断我:"'小税务'啊,敏敏马上要去广州给一个单位讲课,讲课费说好了是税前5,000元,怎么算个人所得税啊?"

开始考我了，哼，咱这业务水平可不怕这么简单的问题。

"劳务报酬所得适用税率为 20%。每次收入不超过 4,000 元的，定额减除费用 800 元；每次收入在 4,000 元以上的，定额减除 20% 的费用。如果纳税人的每次应税劳务报酬所得额超过 20,000 元，应实行加成征税，其应纳税总额应依据相应税率和速算扣除数计算。应纳税所得额超过 20,000 元至 50,000 元的部分，计算的应纳税所得额加征五成；超过 50,000 元的部分，加征十成。

计算公式为：应纳税额 = 应纳税所得额 × 适用税率 − 速算扣除数。

你这 5,000 元讲课费，还算不上收入偏高的。应纳税所得额为 5,000 元 ×（1-20%）=4,000 元；应纳税额为 4,000 元 ×20%=800 元。也就是实际拿到手的只有 4,200 元。

劳务报酬所得适用税率表

级数	每次应纳税所得额	税率（%）	速算扣除数（元）
1	不超过 20,000 元的部分	20	0
2	超过 20,000 元至 50,000 元的部分	30	2,000
3	超过 50,000 元的部分	40	7,000

再举个高收入的例子。演员赵某于 2011 年 10 月外出参加营业性演出，一次取得劳务报酬 60,000 元。

（1）应纳税所得额 =60,000 元 ×（1-20%）=48,000 元。

因其一次演出取得的应纳税所得额超过 20,000 元，按税法规定应实行加成征税。

（2）应纳税额 =48,000 元 ×30%-2,000 元 =12,400 元。

这样，赵某就应该为这一劳务报酬缴纳个人所得税 12,400 元。"

我长出了一口气，这么一大段话，可把我累坏了，不过看着眼前两位美女佩服的目光，我一高兴，又多说了几句。

"如果你个人举办学习班取得收入的话，规定无须经政府有关部门批准并取得执照举办学习班、培训班的，其取得的办班收入属于'劳务报酬所得'应税项目，按税法规定计征个人所得税。其中，办班者每次收入是这样确定的：一次收取学费的，以一期取得的收入为一次；分次收取学费的，以每月取得的收入为一次。"

"这业务水平，棒！"

"一个字，牛！"

那是，咱是谁呀，"小税务"是也！

2012年7月17日

稿酬所得如何缴纳个人所得税？

嘿，军军和莉莉这两口子是怎么一回事，跟走马灯似的，一个接一个地来我这儿报到，突然大家都对税务知识的学习热情空前高涨。

只见军军拿出几份报纸，神秘地笑着放到我的面前，我仔细观察起来。

"你小子可以呀，现在成为一文艺青年了，发表了不少文章啊！"我调侃道。

"我这是班门弄斧了。我听说稿酬还要扣完税再给我，就过来向你取取经。"

我清了清喉咙，开始从头说起来："这属于稿酬所得个人所得税。所谓稿酬所得，是指个人的文字（或摄影、书画等）作品以图书、报刊形式出版、发表而取得的所得，包括稿酬、再版稿酬取得的收入。作者去世以后，对取得其遗作稿酬的人，仍按照稿酬所得征收个人所得税。这里所说的'作品'，是指包括文字、图片、乐谱等能以图书、报刊方式出版、发表的作品。"

"呸呸呸！我还没发表几篇文章呢，你就开始想我去世以后的事了，我招你惹你了？"

"别急嘛，我只是说下税法的规定，你以为你真能成为鲁迅他们那样的大文豪呀，我这样说可是抬举你了，听我慢慢跟你说。如果每次收入不足4,000元的，应纳税所得额＝每次收入额－800元；如果每次收入达到4,000元以上的，应纳税所得额＝每次收入额×（1－20%）。稿酬所得适用20%的比例税率，并按应纳税减征30%，所以实际税率为14%。

不过关于次的规定有些复杂：(1)同一作品再出版取得的所得，应视为一次稿酬所得计征个人所得税；(2)同一作品先在报刊上连载，然后再出版，或者先出版，再在报刊上连载的，应视为两次稿酬所得征税；(3)同一作品在报刊上连载取得收入的，以连载完成后取得的收入合并为一次；(4)同一作品在出版和发表时，以预付稿酬或分次支付稿酬等形式取得的稿酬收入，应合并计算为一次；(5)同一作品在出版、发表后，因添加印数而追加稿酬的，应以以前出版、发表时取得的稿酬合并计算为一次，计征个人所得税。

以一次稿酬所得1,000元为例，需要缴纳个人所得税28元。其应纳税额计算公式为：(1,000－800)元×20%×（1－30%）=28元。另外，你不用自己去缴纳，一般都由发放单位代扣代缴。"

"听你这么一说，国家对这一块还是挺鼓励的。好，我继续再接再厉，争取变成比鲁迅还牛的大文豪！"

开始夸海口了，还是先想想怎么超过我这个小文豪吧，哼！

2012年9月2日

自由撰稿人怎样才能实现税后收益最大化？

和我一个大学新闻系毕业的同学小张是自由撰稿人，由于工作方式灵活，收入较高，她很喜欢她的职业。而收入较高也使她每个月都要给税务局缴纳为数不少的个人所得税。她就来问我："首先申明，我可不是不愿意多为国家做贡献，只是现在房贷压力太大，每个月要还六七千块钱，加上小孩儿上学支出和日常应酬支出，现在生活真是挺紧张的。帮我看看，我现在所得税有没有办法少缴一点呢？"

刚好这一块政策我比较熟悉，我向她详细分析了自由撰稿人的税收规定。

"作为一名自由撰稿人，在从事自由撰稿并取得一定成绩后，通常会面临三种选择：一是受聘于报社或杂志社成为记者或者编辑。二是受雇于报社或杂志社，为指定版面或栏目创作非署名文章。三是继续保持自由者的身份，向报社或杂志社自由投稿。

在实际当中因前两种选择比较有成就感，所以前两种选择会得到多数自由撰稿人的垂青。但是作为自由撰稿人最关心的往往还是个人收益，如果从此方面考虑，那么继续保持自由撰稿人的身份将会得到最大的个人收益。

就以你为例，你写的文章语言生动、独特，很受读者的欢迎。每月发稿在 10 篇左右，每篇大约 2,000 字左右，每篇稿子的稿酬在 300—1,000 元不等。这样平均每个月你的收入在 7,000 元左右——当然你实际收入要高得多，呵呵。

也可能有一些报社、杂志社邀请你加入做记者或编辑，每月工资 7,000 元。如果不愿意做记者或编辑，也可选择受雇于报社或杂志社，为指定版面或栏目创作非署名文章。你每月向报社或杂志社提供 10 篇稿子，每篇大约 2,000 字，报社或杂志社每月给你 7,000 元的报酬。

这样，你在缴纳个人所得税方面就有三种情况：一是成为记者、编辑后，按'工资、薪金所得'缴纳个人所得税。二是与报社或杂志社达成合作协议后，按'劳务报酬所得'缴纳个人所得税。三是继续保持自由撰稿人身份，按'稿酬所得'缴纳个人所得税。

分别来计算一下。第一种情形，你在成为记者或编辑后，按工资、薪金所得每月应缴纳的个人所得税为：1,500 元 ×3%+2,000 元 ×10%=245 元。

第二种情形，你与报社或杂志社达成创作协议后，每月从报社或杂志社取得劳务报酬，按劳务报酬所得每月应缴纳的个人所得税为：7,000 元 ×（1-20%）×20%=1,120 元。

第三种情形，你继续保持自由撰稿人身份，按稿酬所得计算缴纳个人所得税。稿酬所得每次不超过 4,000 元的，减除 800 元后全额为应纳个人所得税余额。如果每单篇稿件的稿酬都是 700 元，就不用缴纳个人所得税。假设其中有 5 篇为 1,000 元，其余都在 800 元以下。这样按稿酬所得每月应缴纳的个人所得税最高为：(1,000-800) 元 ×20%×（1-30%）×5=140 元。需要注意的是，如果是同一作品连载的，应当合并其因连载而取得的所有稿酬所得为一次，按税法法规计征个人所得税。

所以呢，仅从个人收益来看继续保持自由撰稿人的身份所获得的个人利益最大。"

"这样的话，我就继续保持我的自由身吧！"

自由万岁！

2012年9月28日

"月饼税"是怎么回事？

今天正好有空，很久没打球了，约上军军去打球，舒展一下筋骨。

到了球馆，发现莉莉也来了。"'小税务'，今天我第一是和你们学打球，加入你们的队伍；第二呢，再请教一个小小的税收问题。"

"你可真是抓紧点滴时间学习呀，我都快把你当成偶像和榜样了。"

"这不马上到中秋了吗，我们单位每个人准备发几盒月饼，这些还真要缴税啊？"

"当然要缴了，个人所得的形式，包括现金、实物、有价证券和其他形式的经济利益。月饼算是受雇取得的实物，企业发放月饼给本企业职工，应按职工获得非货币性福利（月饼）的金额并入发放当月职工个人的'工资、薪金'收入中计算扣缴个人所得税。

根据最新修订的个人所得税法，如果企业在2011年9月1日以后给职工发放的'月饼＋工资'价值总额在减去'三险一金'后不到3,500元的，将免除缴纳个人所得税。

其实，所谓的'月饼税'并非只向'月饼'征收。事实上，企业向员工发放的任何实物奖励或者有价证券均需要按照价值缴纳个人所得税。"

"那我们送给客户的几盒月饼也要缴税？"

"对于赠送给非本单位人员的月饼，分几种情况：如果是企业通过价格折扣、折让方式向个人销售商品（产品）和提供服务，或者是企业在向个人销售商品（产品）和提供服务的同时给予赠品，如通信企业对个人购买手机赠话费、入网费，或者购话费赠手机等，再有就是企业对累积消费达到一定额度的个人按消费积分反馈礼品时，不征收个人所得税。我再给你讲一下应缴纳个人所得税的情况，税款由赠送礼品的企业代扣代缴：1. 企业在业务宣传、广告等活动中，随机向本单位以外的个人赠送礼品，对个人取得的礼品所得，按照'其他所得'项目，全额适用 20% 的税率缴纳个人所得税。2. 企业在年会、座谈会、庆典以及其他活动中向本单位以外的个人赠送礼品，对个人取得的礼品所得，按照'其他所得'项目，全额适用 20% 的税率缴纳个人所得税。3. 企业对累积消费达到一定额度的顾客，给予额外抽奖机会，个人的获奖所得，按照'偶然所得'项目，全额适用 20% 的税率缴纳个人所得税。所以说，个人取得的各项所得都要缴纳个人所得税，就像单位给离退休人员发放的月饼，照样要缴税的。离退休人员除按规定领取离退休工资或养老金外，另从原任职单位取得的各类补贴、奖金、实物，应在减除费用扣除标准后，按'工资、薪金所得'应税项目缴纳个人所得税。"

"那这些与月饼有关的税，是如何缴纳的呢？"

"这些税收是由月饼发放和赠送单位代扣代缴的，也就是你的工作呀。"

"学会了！好，文化知识学会了，下面开始学习体育知识。来吧，二位，谁来教我发球呀？"

不过这次没人理她了，我和军军早跑一边开打了。

2012年10月1日

购物抽奖，中了！先缴税

今天是国庆节，到处都有打折的活动，我决定去淘一下，看有没有什么意外收获。

先去超市逛逛，有抽奖活动呀，买！

刚到抽奖台，又碰到了莉莉，她一看到我，激动起来："'小税务'呀，你怎么像'及时雨'宋江呀，知道我这会儿需要帮助，你就出现了，太好了！快来看，我今天抽了个二等奖，2,000块呢！运气好吧？！可怎么说还要缴税呀！我原来凭积分换的礼品也有价格贵重的东西，怎么没听说要缴税呢？"

"是的，确实要交个人所得税。我上次不是跟你讲过吗，企业对累计消费达到一定额度的顾客，给予额外抽奖机会，个人的获奖所得按照'偶然所得'项目，全额适用20%的税率缴纳个人所得税，应缴税款由赠送礼品的企业代扣代缴。

企业对累计消费达到一定额度的个人按消费积分反馈礼品的情形，属于不征收个人所得税范畴，与抽奖拿到的'偶然所得'有本质上的区别。偶然所得是指个人得奖、中奖、中彩以及其他偶然性质的所得。再说，中奖了缴点税、为国家做些贡献也是对的。看，我就没中奖，要不你把奖让给我？我愿意缴税，哈哈……"

"那么，要是我买体育彩票、福利彩票，中奖了也是这么缴税吗？"

"稍微有些区别。两者都是个人所得税法中的其他偶然所得，但体彩、福彩中奖金额在 10,000 元以下的，不用缴纳个人所得税。如超过 10,000 元，就应按 20% 的税率缴纳个人所得税。"

"唉，怎么什么收入都要交税呀？就没有不用交税的吗？"

"有啊，你在银行里面的存款利息收入，按照现有的税收政策，是不需要缴纳个人所得税的。"

"那是当然的，利息肯定不要交税的吧？"

"你错了，从 2008 年 10 月 9 日起，才对储蓄存款利息所得暂免征收个人所得税。之前存款产生的利息，仍是要缴纳利息税的。"

"这样啊！唉，只要能中奖，交点税没什么。我去兑奖了，你接着逛吧。"

2012 年 11 月 25 日

个体工商户应该缴纳哪些税？

今天难得有空，我决定去我经常光顾的那家书店逛逛，看有没有进什么新书。

一进门，就感觉今天气氛不同，小老板喜气洋洋，老远就和我打招呼。

我笑道："今天有什么喜事啊，中大奖了？"

"和中奖差不多！"

经过了解，我才知道小老板高兴的是国家调高了增值税和营业税的起征点。销售货物和应税劳务的增值税起征点幅度都调整为月销售额 5,000—20,000 元；按次纳税的，提高为每次（日）销售额 300—500 元。而营业税方面，按期纳税的，起征点的幅度提高为月营业额 5,000—20,000 元；按次纳税的，提高为每次（日）营业额 300—500 元。在实际工作中，各省基本上都明确执行国家规定幅度的最高标准，如销售货物的增值税起征点，明确为 20,000 元。

不过，起征点政策适用范围限于个人，具体指个体工商户和其他个人。

小老板高兴地说："我这个小店呀，以后应该不要交税了！"

我摇摇头说："你要是这么说，就说明你对税收可真是个门外汉。"

四　个人税收篇

"是吗？我知道你是'小税务'，给我讲讲像我们这样的个体工商户都应该交什么税呀？"

"那可多了，根据你从事的行业分别会缴纳增值税、营业税、消费税，然后还有以这三种税为基数计算的城建税、教育费附加、地方教育附加，另外还有个人所得税、印花税、房产税、城镇土地使用税等。"

"这么多，我怎么记得住呀？"

"给我来张纸，我给你写下来。"

小老板很快给我找了一张 A4 纸。

"先写上增值税的规定，像你这种小规模纳税人，按不含税销售额依 3% 征收率计算缴纳增值税：

不含税销售额 = 含税销售额 ÷（1+ 征收率）

应纳增值税 = 不含税销售额 × 3%

比方说，某件商品标价是 1,030 元，不含税销售额 =1,030 元 ÷（1+3%）=1,000 元。这样，应交增值税 =1,000 元 × 3%=30 元。

接下来，城市维护建设税按增值税额依城建税税率计算缴纳；教育费附加和地方教育附加按增值税额依 3% 和 2% 的费率计算缴纳。

个人所得税、印花税是以收入为基数的；房产税是以房屋计税余值或取得的租金收入为基数的；城镇土地使用税是以占用土地面积为基数的。在实际中，个体工商户通常是核定征收的，而且一般都是定期定额征收，就是税务机关给你定一个数，你每个月按期限去缴纳就行了。"

"你能不能给我讲讲个人所得税是怎么交的？"老板又问道。

"好的。就个人所得税来说，按个体工商户的生产、经营所得，以每一纳税年度的收入总额，减除成本、费用、税金以及损失后的余额，为应纳税所得额，适用 5%—35% 的超额累进税率。另外，同工资、薪金所得项目一样，个体工商户业主也有费用扣除标准，即每月允许扣除 3,500 元，每年 42,000 元。但在实际工作中，按照以上规定征税比较烦琐，对于个体户的个人所得税大多采取附征的办法，附征率在 1%—3% 之间，一般在

2%左右。这样，应纳个人所得税＝应税销售额×附征率。"

> **"小税务"提示——附征率**
>
> 一般指的是个人所得税附征率，指税务局在征收个体工商户增值税或营业税时，随增值税或营业税一并附加征收的个人所得税占营业额或销售额的比例。如某从事货物运输的个体工商户2011年12月营业额为20,000元，国家规定营业税税率为3%，当地地税局核定个人所得税附征率为2%，则该个体工商户应交营业税20,000元×3%=600元，同时应附征个人所得税20,000元×2%=200元。

小老板连声谢谢地接过纸去，说："我一定好好学。不过，我还有一个问题，什么是起征点呀？"

"这就涉及两个专业术语了，一个是起征点，一个是免征额。起征点，又称'征税起点'，是指税法规定对征税对象开始征税的起点数额。征税对象的数额达到起征点的就全部数额征税，未达到起征点的不征税。增值税和营业税规定了起征点。

而免征额，又叫'费用扣除标准'，是税法规定的课税对象全部数额中免予征税的数额，是对所有纳税人的照顾。凡规定有免征额的税种，在征税时应先从纳税人的全部课税对象数额中扣除免征额，然后仅就其超过免征额的部分，按照规定的税率计算应纳税额。比如个人所得税中工资、薪金每月扣除3,500元的规定就是免征额规定。

这两个术语的相同点就是，当课税对象小于起征点和免征额时，都不予征税。而不同点是，当课税对象大于起征点和免征额时，采用起征点制度的要对课税对象的全部数额征税，采用免征额制度的仅对课税对象超过免征额部分征税。

举个例子，假设起征点和免征额都为5,000元，一个人每月的工资是5,001元。如果是免征额，5,000元可以免，只就超出的1元缴税；而如果是起征点,则是要就这 5,001 元全额缴税。"

"这回我彻底明白了。"

税法讲完了,我也找到了一本自己中意的新书,小老板无论如何也不收我的钱,说是我的咨询费。事实又一次证明,知识不仅仅是力量,更是金钱啊,嘻嘻。

2013年1月13日

买卖股票要缴哪些税？

晚上锻炼身体，又遇见军军和莉莉在散步。

"怎么了，嫂子，精神不振呀。"

军军笑道："她呀，才买的股票又套牢了。"

"哼，你就会幸灾乐祸。'小税务'呀，股市何时才能牛起来呀，国家怎么不出台政策救救市呀？"

"怎么没救呀？你忘了07年的'5.30'大跌了吗？08年的'4.24'行情，不就是财政部将印花税下调至1‰当日沪指暴涨9.29%；同年的'9.18'大救市，财政部将印花税改为单边征收，次日两市A股全线涨停报收。"

"这些我都知道，可惜这样的日子太少了。哎，你别把我当成三岁小孩，我也是老股民了，我还知道股票买卖主要涉及印花税，卖出时按成交金额征收0.1%的印花税，而且是单向收取的。"

"是的，对于个人在上海、深圳证券交易所转让上市公司股票获取的所得，现在是暂免缴纳个人所得税。

不过嫂子，你知道吗，又有新规定了，从2013年1月1日起，股息红利所得按持股时间长短实行差别化个人所得税政策。持股超过1年的，税负为 5%；持股 1 个月至 1 年的，税负为 10%；持股 1 个月以内的，税负为 20%。所以说持股时间越长，税负越低，这将会促进我国资本市场长期健康发展。放心吧，你的股票终将会飘红的。"

"我始终都对中国股市有信心，投资就应该放长线、钓大鱼嘛。"

我和军军对望一眼，会心地大笑起来。

五

企业税收篇

篇首语：一个家庭，首先要熟悉所处的居住环境，才能安排好生活。一个企业，作为市场经济的一分子，如果对所处的税收环境有一个清楚的认识，便可以充分利用税收政策合理安排企业的经营、投资、融资和财务管理决策等，规避涉税风险，提高企业决策的前瞻性；了解国家经济政策导向，正确评估企业所面临的税负，合理预期企业前景；提前谋划、及时办理涉税事项，节约办税时间……本篇对于企业相关税收问题进行了介绍。

2012年2月20日

一般企业要缴纳哪些税？

我的税收小专栏渐渐办得有声有色了，也有了小有规模的一批粉丝，但是，我还得扩大我的读者群，所以我琢磨着在企业界拉些粉丝！从哪入手呢？近几年来，税收成为热点话题，经常在媒体上看到各种税收相关报道。但是这些报道很散乱，往往让人看得云里雾里。那么给读者来道不同行业、不同企业都会涉及的企业税收大餐，应该是不错的主意吧。火花是在碰撞中产生的！晚上找事务所陈俊去。

一阵寒暄后，我切入正题："问你个小问题，你说一个企业得交多少种税啊？"陈俊差点被我噎住。"你这问题可真不小，我得掰指头捋捋。"陈俊开始卖弄起来，"不同行业、不同企业需要缴纳的税种不同，适用的税率和税负也大不相同。总的来说，主要涉及流转税和所得税两大税种。"

"所得税我知道，"我插话道，"就是企业所得税嘛。2008年1月1日实施的《中华人民共和国企业所得税法实施条例》，统一了内外资企业所得税政策，从税收方面保证了市场的公平竞争。就是流转税这块内容多些，谈谈这方面吧。"我边说边给他加上茶水。

"哈哈，态度不错。你看啊，流转税主要有三大税种:增值税、营业税和消费税。增值税对我们来说最熟悉了。一般来说，工商企业需要缴纳增值税，主要税率为17%或13%。"

"这17%或13%只能称为名义税率，企业实际负担的税率要远低于该比例吧？"

"是的，虽然其计税依据是纳税人销售货物或者应税劳务向购买方收取的全部价款和价外费用，但是可以用在购进环节产生的进项税抵减当期应交的税款，即实行购进扣税制度，仅对增值额征税。可以这样理解，我10元购进的，12元卖出，那么实际要交增值税的就是这增值的2元部分。"

"但前提是必须是增值税一般纳税人，并取得增值税专用发票。"

"对的。适用13%税率的主要是日常生活用品，包括粮食、鲜奶、自来水、天然气、图书、报纸、饲料、化肥，等等。另外，对小规模纳税人按照销售额和3%的征收率实行简易征收的方法，不得抵扣进项税额。

提供各类劳务（准确地说，是提供除加工、修理修配以外的各类劳务）的服务性企业要缴纳营业税，主要有交通运输业、建筑业、金融保险业等九个税目（交通运输业、部分现代服务业已经在进行'营改增'试点，可参考'营改增'部分内容），税率相对较低，一般为3%或5%，娱乐业为5%—20%，但以全部营业收入作为计税依据，税基较大。"

"就是说，一般情况下，一个企业只会涉及增值税或营业税其中一个。"我总结道。

"是的。在商品流转环节，生产销售产品的工商企业，大部分商品销售收入只缴一道增值税；而生产消费税应税产品的企业则需要再缴纳一道消费税。消费税是价内税，增值税与消费税计税价格相同，消费税税率高低既影响消费税应缴税款的多少，又影响增值税应缴税款的多少。目前，我国消费税应税产品包括卷烟、白酒、成品油、化妆品、小汽车等14个税目。"

"我注意到，刚才你在谈增值税、营业税和消费税时，多次提到商品种类和税目，就是说同一种税，税目不同，交的税也不同。"

> **"小税务"提示——价内税和价外税**
>
> 根据税收和价格的关系，税收可分为价内税和价外税。凡是税款包含在征税对象的价格之中的税即为价内税，如我国现行的消费税和营业税。消费者在购买商品支付价款时，该价款中已经包含了商家需要向税务机关缴纳的税款，因为商品的定价是一种含税价格。凡税款独立于征税对象的价格之外的税，即为价外税。如增值税，其价格为不含税价格，买方在购买商品或服务时，除需要支付约定的价款外，还须支付按规定的税率计算出来的税款，这二者是分开记载的。

"是啊，同样缴纳增值税、消费税或者营业税，税目不同，适用税率不尽相同，税负轻重不同。不同类商品或劳务税率不同，如增值税、营业税；同类商品也会有税率高低的差别，如消费税。另外，还需考虑免税项目、出口退税率差别、进口征税时关税对增值税及消费税的影响等问题。在混合销售、兼营（包括兼营不同税率、不同税种问题）时，实际适用税率、税种差异也会造成应缴税款多少的差别。"

"陈俊，你接触的企业多，给举个例子吧"

"好，比如化妆品生产企业涉及的主要税种包括增值税、消费税、企业所得税、城市维护建设税和教育费附加、城镇土地使用税等。化妆品销售企业涉及的主要税种包括增值税、企业所得税、城市维护建设税和教育费附加、城镇土地使用税等。当然企业在经营过程中，可能涉及其他税种。如拥有经营性房产要缴纳房产税，购买车辆要缴纳车辆购置税和车船税，签订合同要缴纳印花税，等等。"

呵呵，下期的专栏内容出来了！

2012年3月25日

聊聊关于企业所得税的一些基本规定

企业缴税专栏大获成功，见报当天，就收到许多粉丝来信。我正美呢，莉莉的电话来了。"大编辑，我看到你的文章了，不错啊。"莉莉大大咧咧的声音从听筒里冲出来。"呵呵，得到您的称赞，荣幸之至啊！欢迎批评指正！""哪敢啊，我是请教问题来了。我们公司老总挺重视税务问题的，明天他要我给讲解下企业所得税。你呢先辅导辅导我，同时也有下期的内容了不是。"嘿，真够鬼的，合着我还得谢谢她。"呵呵，等着你给我下期内容出主意，黄花菜都凉了。看在你积极宣传税法的分儿上，提前透露给你吧。"

"企业所得税是我国的第二大税种，与企业的经营行为息息相关。首先呢，你告诉老板，有盈利时才要缴纳企业所得税，亏损了不但不缴，而且可用连续五个年度的利润来弥补。"

"老板听了肯定高兴，哈哈……"

"呵呵，给你个好开场白！然后你再介绍企业所得税的纳税人、征税对象、税率等基本规定。企业所得税的纳税人为企业和其他取得收入的组织，包括居民企业和非居民企业。其中居民企业是指依法在中国境内成立，或者依照外国（地区）法律成立但实际管理机构在中国境内的企业。非居民企业是指依照外国（地区）法律成立且实际管理机构不在中国境内，但在中国境内设立机构、场所的，或者在中国境内未设立机构、场所，但有来源于中国境内所得的企业。

> **"小税务"提示——我国的五大税种**
>
> 在我国现行税制结构中，收入比重最大的五个税种是增值税、企业所得税、营业税、消费税和个人所得税。以2012年为例，这几个税种占税收收入的比重分别为26%、20%、16%、8%和6%（增值税、消费税仅计算国内部分，进口环节的没有计算在内）。当然，这几个税种的比重在不断发生变化，随着"营改增"的进行，增值税比重将进一步扩大，营业税在逐步萎缩甚至消失；随着人们收入水平的上升以及个人所得税改革的推进，个税比重将逐步提高。

企业所得税的征税对象是纳税人取得的所得。居民企业应当就其来源于中国境内、境外的所得缴纳企业所得税。非居民企业在中国境内设立机构、场所的，应当就其所设机构、场所取得的来源于中国境内的所得，以及发生在中国境外但与其所设立机构、场所有实际联系的所得，缴纳企业所得税。对非居民企业在中国境内未设立机构、场所的，或者虽设立机构、场所但取得的所得与其设立机构、场所没有实际联系的，应当就其来源于中国境内的所得缴纳企业所得税。"

"这么专业啊，我们老板计划在境外设立机构呢，估计他会感兴趣。"

"是啊，国家现在鼓励企业做大做强，走出国门嘛。我接着给你说说税率。企业所得税适用25%的比例税率。但对非居民企业，在中国境内未设立机构、场所的，或者虽设立机构、场所但取得的所得与其所设立的机构、场所没有实际联系的，其来源于中国境内的所得，适用20%的比例税率，同时税法规定可减按10%的税率征收。"

"那税额计算和缴纳方式方面呢？"

"企业以自然年份为一个纳税年度。用收入总额，减除不征税收入、免税收入、各项成本费用扣除以及允许弥补的以前年度亏损后的余额，为应纳税所得额。

缴税时间嘛，企业所得税实行年中预缴、年底汇算清缴的方式。预缴可采用分月或者分季预缴。时间为月份或者季度终了之日起十五日内，向税务机关报送预缴企业所得税纳税申报表，预缴税款。年度终了之日起五个月内，向税务机关报送年度企业所得税纳税申报表，并汇算清缴，结清应缴应退税款。在报送纳税申报表时记得附上财务会计报告和其他有关资料。这可是税务部门案头审查的依据哟。当然，还有些特殊情况，简单给你说下，比如企业在年度中间终止经营活动的，应当自实际经营终止之日起六十日内，向税务机关办理当期企业所得税汇算清缴；企业办理注销登记的，应当在办理注销登记前，就其清算所得向税务机关申报并依法缴纳企业所得税。"

"那纳税地点有具体要求吗？"

"当然，税务机关也需要划清工作范围的。居民企业以企业登记注册地为纳税地点；但登记注册地在境外的，以实际管理机构所在地为纳税地点。居民企业在中国境内设立不具有法人资格的营业机构的，应当汇总计算并缴纳企业所得税。非居民企业在中国境内设立机构、场所，并且取得来源于中国境内的所得，以及取得发生在中国境外但与其所设立机构、场所有实际联系的所得，以机构、场所所在地为纳税地点。非居民企业在中国境内设立两个或者两个以上机构、场所的，经税务机关审核批准，可以选择由其主要机构、场所汇总缴纳企业所得税。非居民企业在中国境内未设立机构、场所的，或者虽设立机构、场所但取得的所得与其设立机构、场所没有实际联系的，取得的所得以扣缴义务人所在地为纳税地点。一般来讲，企业之间不得合并缴纳企业所得税。"

"好的，谢谢大编辑了，回头让军军请你吃饭！拜拜！"

"客气客气……"

2012年3月30日

汇算清缴和纳税申报有什么异同？

我越来越体会到，作为一名专栏记者，与读者的沟通是我创作的动力也是灵感的重要来源！这不，一位读者来信写道："'小税务'，从你那我学到了好多实用的税法知识，但是汇算清缴和纳税申报有什么异同，您能帮我解答下吗？"

"亲爱的读者：

您好！很乐意为您解答这个问题。首先，并非所有的税种都涉及汇算清缴。汇算清缴只适用于所得税的缴纳。如企业所得税采用月度或季度分期预缴、年末汇算清缴的方式缴纳。企业所得税的汇算清缴是指纳税人自年度终了之日起五个月内，依照税收法律、法规、规章及其他有关企业所得税的规定，自行计算全年应纳税所得额和应纳所得税额，与已按月度或季度预缴的所得税数额相比较，确定该年度应补或者应退税额，并填写年度企业所得税纳税申报表，向主管税务机关办理年度企业所得税纳税申报、提供税务机关要求提供的有关资料、结清全年企业所得税税款的行为。实行查账征收和实行核定应税所得率征收企业所得税的纳税人，无论是否在减税、免税期间，也无论盈利或亏损，都应按照税法有关规定进行汇算清缴。实行核定应纳所得税额征收企业所得税的纳税人，不进行汇算清缴。

其次，纳税申报则涉及大多数税种。如税收法律法规明确规定了增值税、消费税、营业税，当然还有企业所得税等税种的具体纳税申报期限。纳税申报就是指纳税人、扣缴义务人在发生法定纳税义务后，按照税法或税务机关相关行政法规所规定的内容，在申报期限内，以书面形式向主管税务机关提交有关纳税事项及应缴税款的法律行为。各个税种的纳税申报期是不同的，比如：缴纳增值税、消费税纳税申报表的纳税人，以一个月为一期纳税的，于期满后十五日内申报；以一天、三天、五天、十天、十五天为一期纳税的，自期满之日起五日内预缴税款，于次月一日起十五日内申报并结算上月应纳税款。缴纳企业所得税的纳税人应当在月份或者季度终了后十五日内，向其所在地主管国家税务机关办理预缴所得税申报。

希望对您有所帮助！

小税务
2012 年 3 月 30 日"

"小税务"提示——查账征收与核定征收

企业所得税目前有两种征收方式：查账征收与核定征收。查账征收适用于财务会计核算规范的企业，按收入减成本、费用、税金后的利润再乘以适用税率，计算缴纳企业所得税。对核定征收企业所得税的纳税人，分为核定应税所得率或者核定应纳所得税额两种类型。具有下列情形之一的，核定其应税所得率，再据以计算应纳税所得额：能正确核算收入总额，但不能正确核算成本费用总额的；能正确核算成本费用总额，但不能正确核算收入总额的；通过合理方法，能计算和推定纳税人收入总额或成本费用总额的。不属于以上情形的，核定其应纳所得税额。

2012年5月20日

哪些企业适用核定征收企业所得税？

军军的企业办得有声有色。那天，他打电话约我一块吃饭，说是代表媳妇感谢我，还有事再请教请教。呵呵，我快成了他们的家庭税务辅导员了。看在他们态度端正又敏而好学的分儿上，便愉快地答应了。

"哥们儿，最近的小专栏办得不错啊，适合我们搞企业的胃口。"军军拍着我的肩膀说。

"一切为读者服务啊。怎么样，大企业家，终于有时间请我了？"我打趣道。

"是忙啊。我也有个素材提供给你，有没有兴趣啊？"军军坏笑着说道。

"不是一家人不进一家门啊！说来听听。"

"我听说有的企业是核定征收企业所得税的，那不是更好，省得查账啊，大家都省事。"

"你这是不理解税法人的普遍误解啊！我得跟你好好说说。你看啊，《税收征管法》等相关法规规定，企业所得税采用查账征收和核定征收两种征收方式。核定征收只是查账征收的辅助方式，根据《企业所得税核定征收办法（试行）》规定，纳税人具有下列情形之一的，核定征收企业所得税：

（1）依照法律、行政法规的规定可以不设置账簿的;（2）依照法律、行政法规的规定应当设置但未设置账簿的;（3）擅自销毁账簿或者拒不提供纳税资料的;（4）虽设置账簿，但账目混乱或者成本资料、收入凭证、费用凭证残缺不全，难以查账的;（5）发生纳税义务，未按照规定的期限办理纳税申报，经税务机关责令限期申报，逾期仍不申报的;（6）申报的计税依据明显偏低，又无正当理由的。所以，我看你倒是可以把会计部门解散了，来个核定征收吧。"我哈哈大笑。

"我听明白了，好几条核定征收的情况都是企业账簿有问题，那我可不干，我自己还要看账呢，你拿我开心啊？！"军军反诘道。

"哈哈，看来你听明白了。其实《企业所得税核定征收办法（试行）》明确规定了'推进纳税人建账建制工作。税务机关应积极督促核定征收企业所得税的纳税人建账建制，改善经营管理，引导纳税人向查账征收方式过渡。对符合查账征收条件的纳税人，要及时调整征收方式，实行查账征收'。所以，就算目前核定征收的企业也得回到查账征收上来。再说你日常做好会计工作，纳税申报时提供翔实的材料，谁没事天天查你账去啊。"

"有道理，有道理。呵呵，明白了。那什么，这素材的稿费我就不要了啊。"

"……没天理啊！"

2012年9月17日

增值税转型是怎么回事？

晚上7点多，正在网上浏览税收博客文章。万超（在一家财经媒体当记者，最近才刚开始跑财税口，对税收还没多少概念）在QQ里面给我留言："增值税转型和'营改增'是不是一回事啊？你给我讲讲。"

"怎么开始关心增值税了？又写文章啊？"我问他。

万超说："我也要抓紧学习税收知识啊，不然你们在进步，我是不进则退啊。这两个概念一样吗？"

"当然不一样了。增值税转型改革，是自2004年7月1日起，经国务院批准，在东北地区'三省一市'的八个行业开始试点，取得预期成效，2007年7月起又延伸到中部六省二十六个城市继续试点，为增值税改革推向全国不断积累经验，做好充分准备。从2009年1月1日起，开始在全国所有地区、所有行业推行增值税转型改革。"

"增值税转型的主要内容是什么呢？"万超问。

"增值税转型的主要内容是允许企业抵扣新购入设备所含的增值税。"

"你说，为什么要增值税转型呢？和原来的税制有什么区别吗？"

"当记者的就喜欢刨根寻底！是这样的，增值税转型一方面可使我国的增值税与国际惯例接轨，另一方面有利于鼓励企业投资，促进企业技术革新和技术进步，促进高新技术企业发展，促进产业升级，可使技术密集型、资本密集型企业得到更多进项税额的抵扣，获得更多的减税收入，优化产业结构，增强我国企业竞争力。从生产型增值税转变为消费型增值税，主要表现为增值税税基的缩减。核心是允许企业购进机器设备等固定资产所含的进项税额可以在销项税金中抵扣，从而避免重复征税，最大限度地减少税收对市场机制的扭曲。大记者，还有什么问题？"我问他。

他说："我现在基本搞清楚了，增值税转型就是允许企业抵扣固定资产进项税额了，对企业是很大的利好消息。你能不能给我具体分析一下，对企业影响有多大？"

"嗯。增值税转型对不同行业、不同经营周期的行业的影响不尽相同。在实行生产型增值税时，劳动密集型企业因固定资产投资少，不予抵扣的进项税额少所以税负较轻；而资本密集型企业资本有机构成高，产品成本中不予抵扣税金的固定资产所占比重较大，税负相对较重。改革为消费型增值税后，劳动密集型企业轻税负的优势不复存在。总体上，橡胶制品业，印刷业，木材加工及其制品，金属制品业，食品制造业，纺织业，家具业，电力、热力的生产和供应业，非金属矿物制品等产业受益最为明显。那些处于稳定经营期或衰退期的企业，由于大规模的产能扩张投资已经结束，因而受益程度并不大；而新办企业如果仍处于基建投资期，未投产形成销售，也不能马上享受到转型政策；只有产能膨胀型企业是最大的受益者。

总的来说，实行增值税转型改革后，经测算，2009年全国财政将减少增值税收入约1,200亿元，减少城市维护建设税收入约60亿元，减少教育费附加约36亿元，增加企业所得税约63亿元，增减相抵后减少企业税负约1,233亿元。

另外，需要注意的是，此次增值税转型还有几个政策应关注，如购进的应征消费税的小汽车、摩托车和游艇不得抵扣进项税；取消进口设备增值税免税政策和外商投资企业采购国产设备增值税退税政策;小规模纳税人征收率降低为3%;矿产品增值税税率从13%恢复到17%。"

"听你一说,我基本清楚了。谢谢兄弟了!有问题再向你请教啊。"

"好的,没问题。欢迎随时骚扰!拜拜!"我继续浏览税收博文。

2013年4月19日

"营改增"对企业是利好还是利空?

万超这家伙很用心,我们又是同行,所以没事时经常在一块儿聊聊。今天周末,他约我下班后一起去附近的咖啡厅里面聊天,让我给他讲讲"营改增"政策。

"税收这玩意儿,要搞懂可真难啊。你看,我跑财税这块有几个月了,最近也一直关注,但现在还是有很多一知半解的,比如'营改增'。税收专家,你给我讲讲吧?"万超很谦虚。

"少给我戴高帽。不过,税收也是我喜欢探讨的话题。'营改增',也就是营业税改征增值税。我国从2012年1月1日开始,在部分地区和行业开展深化增值税制度改革试点,逐步地将目前征收营业税的行业改为征收增值税。"

万超问:"是先从部分地区和行业开始的?"

"是啊,首先是上海从2012年1月1日起,后面仅在2012年就陆续有北京、浙江、安徽、江苏等9个省(直辖市)和3个计划单列市列入试点范围,行业包括交通运输业和部分现代服务业。其中租赁有形动产适用17%的税率,交通运输业、建筑业等适用11%的税率,其他部分现代服务业适用6%的税率。交通运输业、建筑业、邮电通信业、现代服务业、文化体育业、销售不动产和转让无形资产，原则上适用增值税一般计税方法。对于金融保险业和生活性服务业，原则上适用增值税简易计税方法。下一步呢，是从2013年8月1日起，营业税改征增值税试点将在全国范围内推开，并择机将铁路运输和邮电通信等行业纳入'营改增'试点，力争'十二五'期间全面完成'营改增'改革。"我向他耐心解释道。

"小税务"提示——一般计税方法和简易计税方法

增值税的计税方法，包括一般计税方法和简易计税方法。一般纳税人适用一般计税方法计税，即销项税额扣减进项税额的计税方法，应纳税额为当期销项税额抵扣当期进项税额后的余额，其计算公式为：应纳税额＝当期销项税额－当期进项税额。当期销项税额小于当期进项税额不足抵扣时，其不足部分可以结转下期继续抵扣。小规模纳税人适用简易计税方法计税。简易计税方法按照销售额和征收率计算应纳税额，同时不得抵扣进项税额，其计算公式为：应纳税额＝销售额×征收率。

"这个11%和6%是新增的？为什么这么确定呢？"

"是的。营业税改征增值税试点之后，对试点行业新设了11%和6%两档增值税低税率。11%和6%这两档税率的设置是精心测算的结果，是在对原有行业的营业税税负进行比较之后选择的。相关测算表明，现有陆路运输、水路运输、航空运输等交通运输业的营业税改征增值税，由于各个企业的具体情况不同，对应的增值税税率水平基本上在11%—15%之间。无疑，在这个区间内选择税率，改征后的税负水平就会大致保持稳定。试点最终选择了最低税负对应的11%。研发和技术服务、信息技术、文化创意、物流辅助、鉴证咨询服务等部分现代服务业也是如此，原先征收的营业税转换成增值税，对应的增值税税率水平基本上在6%—10%之间，最终选择的也是与最低税负对应的6%。"

万超继续问道："这次改革对企业是利好吗？"

"根据原国家税务总局局长肖捷的文章，营业税改征增值税降低了大部分纳税人税收负担。试点的一般纳税人中，85%的研发技术和有形动产租赁服务、75%的信息技术和鉴证咨询服务、70%的文化创意服务业纳税人税负均有不同程度下降；加工制造业等原增值税一般纳税人因外购交通运输劳务抵扣增加，税负也普遍降低。试点的小规模纳税人大多由原实行5%的营业税税率降为适用3%的增值税征收率，且以不含税销售额为计税依据，税负下降幅度超过40%。从交通运输业来看，改革试点的名义税率为11%，同时在税制安排上明确了进项税额可以抵扣，其实际税负要低于11%的名义税率，并且下一道环节接受交通运输服务的增值税一般纳税人进项税额抵扣将由原7%增加到11%。参与试点的部分交通运输业企业在改革试点初期出现了税负增加的问题。"

"也就是说，大部分企业的税负是下降的。对了，你预测一下'营改增'改革下一步的前景吧。"

"从目前'营改增'地区和行业双扩围部署和官方提法看，下一步'营改增'试点改革的模式将不再按地区试点，而是分行业在全国推开，成熟一个行业推进一个行业。"

"好的，谢谢了。听君一席话，胜读十年书啊！多和你学习，以后我也成为税收专家了！"

"别这么说，税收专家谈何容易，仅一个'营改增'就涉及方方面面，要彻底搞清楚可不是一件容易的事情。不过，你可以叫我税收研究者，呵呵！"这是我比较喜欢的称谓。

2013 年 4 月 25 日

年金税收政策是怎样规定的？

企业年金制度在我国正处于发展阶段，也引起了越来越多人的关注，读者的需求就是我工作的动力，决定做一期专栏，谁让咱是"小税务"呢！网上查阅了些相关资料，为保险起见，还是找税务局的刘东聊聊吧。

"'小税务'，今儿又要给我来个专访啊？"刘东打开办公室门，笑盈盈地看着我说。

"是啊，我这个编外'小税务'可是在给你们宣传税收知识呢，你必须无条件配合哟。"

"必须的，哈哈……咱知无不言。"

问题 1：什么是企业年金？

"现在企业采用年金制度的越来越多，我知道这是区别于普通工资收入的一种养老保险制度，具体情况是怎样的呢？"

"企业年金制度是补充养老保险的一种主要形式,又称'第二养老金',是指企业及其职工在依法参加基本养老保险的基础上,为建立多层次的养老保险制度,更好地保障企业职工退休后的生活,完善社会保障体系,自愿建立的补充养老保险制度,是我国养老保险体系的重要组成部分,主要由个人缴费、企业缴费和年金投资收益三部分组成。

近年来我国人口老龄化趋势明显,基本养老保险给付资金需求压力增加,企业年金作为养老保障体系有力补充的重要性日益凸显。"

问题2:年金该如何进行税务处理?

"工资等个人收入是要缴纳个税的;年金呢,说到底也是个人取得的一项收入,那么在个税方面有什么规定呢?"

"由于年金本质上是一种养老保险,所以根据财政部、国家税务总局出台的《关于基本养老保险费基本医疗保险费失业保险费住房公积金有关个人所得税政策的通知》(财税[2006]10号)规定,企事业单位和个人超过规定的比例和标准缴付的基本养老保险费、基本医疗保险费和失业保险费,应将超过部分并入个人当期的工资、薪金收入,计征个人所得税。"

"就是说企业年金属于补充养老保险,是企业职工福利范畴,不属于免税范围。但国家在这方面是有一定的税收优惠的,而作为企业职工最希望获得的优惠是免除个人所得税,那么具体情况是怎样的呢?"

"2009年以来,国家税务总局出台了《国家税务总局关于企业年金个人所得税征收管理有关问题的通知》(国税函[2009]694号)、《国家税务总局关于企业年金个人所得税有关问题补充规定的公告》(国家税务总局公告2011年第9号)等文件,从调节收入分配和适当鼓励和扶持企业年金发展

方面考虑,对企业年金的税收处理给予了明确规定。具体来说:

企业年金的个人缴费部分,不得在个人当月工资、薪金计算个人所得税时扣除;企业年金的企业缴费计入个人账户的部分是个人因任职或受雇而取得的所得,属于个人所得税应税收入,在计入个人账户时,应视为个人一个月的工资、薪金,但不与正常工资、薪金合并,不扣除任何费用,按照'工资、薪金所得'项目单独计税,并由企业在缴费时代扣代缴。对企业按季度、半年或年度缴纳企业缴费的,国家税务总局明确,在计税时不得还原至所属月份,均作为一个月的工资、薪金,不扣除任何费用,按照适用税率计算扣缴个人所得税。那么,单独视为一个月的工资征收个人所得税,不与一般工资、薪金收入合并计税,相当于将一笔收入分成两笔分别计税,与合并计税相比降低了职工的应税税率,从而减少了员工的应纳个人所得税额,并且减少的个人应纳税额随职工收入的增加而增加,体现了对企业年金适当鼓励和扶持的原则。"

"对于企业来说,发给职工的年金也是企业的一项人力成本,那么在企业所得税的计算扣除方面又有哪些规定呢?"

"呵呵,你考虑问题很全面呀。好吧,企业所得税方面呢,《财政部 国家税务总局关于补充养老保险费补充医疗保险费有关企业所得税政策问题的通知》(财税〔2009〕27号)规定:'自2008年1月1日起,企业根据国家有关政策规定,为在本企业任职或者受雇的全体员工支付的补充养老保险费、补充医疗保险费,分别在不超过职工工资总额5%标准内的部分,在计算应纳税所得额时准予扣除;超过的部分,不予扣除。'根据上述规定,企业建立的企业年金应同其他补充养老保险合并计算,在职工工资总额5%标准以内的部分准予扣除;超过的部分,应进行纳税调整。"

"开始时你提到,年金主要由个人缴费、企业缴费和年金投资收益三部分组成。那么对于年金投资收益需要纳税吗？"

"对企业年金投资收益虽然目前无明确的税收规定，但根据税收政策一般的处理原则，对企业年金投资收益阶段取得的收益来源于国债的可以免税，对投资股票的分红必须按 20% 的税率全额征收个人所得税。"

问题 3：年金税收政策的发展趋势是怎样的？

"据我了解，我国目前对企业年金的征管方式不同于国际上其他一些国家，那么，我国年金税收政策的发展趋势是怎样的呢？"

"国税总局和财政部出台的一系列政策，实际上确立了我国企业年金采取在缴费环节纳税、投资收益和领取环节免税的模式。这一税收征管模式在一定意义上结束了之前企业年金发展中个税执行缺乏依据、较为混乱的情况，将有助于进一步推动企业年金的透明、规范发展。

与西方国家已经较为成熟的制度不同，我国企业年金制度发展时间不长，其税收优惠政策也处在调整完善过程中。从国际经验来看，对企业年金的个人缴费通常均采取一定的税优政策，这对于强化个人养老责任、大力推动企业年金的发展具有重要作用。因此未来进一步提高企业年金的企业缴费税优力度，尽快推出个人缴费的减免税政策，能够实现平滑人口红利的战略目标，在改变经济增长方式，改善国民收入结构中可以发挥巨大作用。并且可以预见，随着我国税收制度的完善和个人所得税综合税制的推进，在缴费和投资环节免税、领取阶段再缴税的更为合理的税收模式也将有条件施行。

"好的，我想已经比较全面了，谢谢你的详细解答。"

2013 年 4 月 30 日

合伙企业如何缴纳所得税？

刚才收到大学同学强哥发来的微信："请教'小税务'同志一个问题：合伙企业是不是不交所得税？和其他企业纳税有什么区别吗？"合伙企业，这个问题最近没有接触。但回头一想，现在很多律师、会计师、税务师事务所都是合伙制的。合伙企业也是比较常见的企业形式。我的印象中合伙企业是不缴纳企业所得税的。为了更准确地回答问题（不能让老同学看扁了），我查阅了企业所得税法及相关政策。

税法规定，依照中国法律、行政法规成立的个人独资企业、合伙企业不适用企业所得税法。《财政部 国家税务总局关于合伙企业合伙人所得税问题的通知》（财税〔2008〕159 号）规定了合伙企业征税的原则，即合伙企业以每一个合伙人为纳税义务人。合伙企业合伙人是自然人的，缴纳个人所得税；合伙人是法人和其他组织的，缴纳企业所得税。合伙企业生产经营所得和其他所得采取"先分后税"的原则。

如何"先分"呢？扣除了合伙企业的成本、费用、损失后的生产、经营所得，合伙人按照下列原则确定应纳税所得额：第一，按照合伙协议约定的分配比例确定应纳税所得额。第二，合伙协议未约定或者约定不明确的，按照合伙人协商确定的分配比例确定应纳税所得额。第三，协商不成的，按照合伙人实缴出资比例确定应纳税所得额。第四，无法确定出资比例的，按照合伙人数量平均计算每个合伙人的应纳税所得额。规定合伙协议不得约定将全部利润分配给部分合伙人。

如何"后税"呢？如果合伙人是自然人，比照个人所得税法的"个体工商户的生产经营所得"应税项目，适用5%—35%的五级超额累进税率，计算征收个人所得税。如果合伙人是企业，按照企业所得税法适用25%的税率计算征收企业所得税。

搞清楚了合伙企业的所得税规定，我赶紧给强哥打电话。

原来，他正准备和几个朋友一起办企业，想了解一下合伙企业如何缴纳所得税。我向他介绍了上述合伙企业征收所得税的原则，还没讲到后面如何"先分后税"规定呢，强哥就告诉我："我知道了，毕竟是专家，一两句话就说清楚了。"

想想其实也是，作为普通人只要知道"合伙企业本身不缴纳所得税，所得税是由合伙人来缴纳的，根据合伙人性质不同再来确定缴纳个人所得税还是企业所得税"这样的规定就可以了，没有必要了解那么多。但对"小税务"来说就不一样了，还是要搞清楚具体规定的。

六

税 收 优 惠 篇

篇首语：税收优惠是指为了配合国家在一定时期的政治、经济和社会发展总目标，政府利用税收制度，按预定目的，在税收方面采取相应的激励和照顾措施，以达到减轻特定纳税人纳税义务、补贴纳税人、干预经济的目的。利用税收优惠政策获取税收利益，以实现税后利润最大化，是市场经济理性经济人的必然选择。本篇对纳税人较为关心的中小企业、下岗再就业、高新技术企业等税收优惠进行了介绍。

2012年2月15日

国家对中小企业有哪些税收优惠？

光阴似箭，日月如梭，转眼间，军军的生意逐步走向正轨，越来越红火。军军产生了扩大再生产和多元化经营的念头。今天下午他来找我商量。

"好啊，扩大生产规模，多业经营，既可以进一步压低生产成本，也可以降低经营风险。"我表示支持。

"但我的资金有压力啊！而且扩大规模后，税收会不会大幅增加？"军军有点儿愁眉不展。

"这你就有所不知了。国家对中小企业在税收上是积极扶持的，出台了很多税收优惠政策。我向你详细介绍一下吧！国家支持中小企业发展的税收政策主要涉及以下几个方面：

（1）企业所得税方面。国家对小型微利企业减按20%的税率征收企业所得税。小型微利企业是指从事国家非限制和禁止行业，并符合下列条件的企业：(a)工业企业，年度应纳税所得额不超过30万元，从业人员不超过100人，资产总额不超过3,000万元；(b)其他企业，年度应纳税所得额不超过30万元，从业人员不超过80人，企业资产总额不超过1,000万元。'从业人数'按企业全年平均从业人数计算，'资产总额'按企业年初和年末的资产总额平均计算。

而自 2012 年 1 月 1 日至 2015 年 12 月 31 日，对年应纳税所得额低于 6 万元（含 6 万元）的小型微利企业，其所得减按 50% 计入应纳税所得额，按 20% 的税率缴纳企业所得税。

核定征收企业应税所得率幅度标准也有所降低。新的企业所得税核定征收办法调低了核定征收企业应税所得率幅度标准。其中，制造业由 7%—20% 调整为 5%—15%，娱乐业由 20%—40% 调整为 15%—30%，交通运输业由 7%—20% 调整为 7%—15%，饮食业由 10%—25% 调整为 8%—25% 等。同时，新办法还专门增加了农、林、牧、渔业，应税所得率为 3%—10%。

"小税务"提示——应税所得率

应税所得率是指对核定征收企业所得税的企业计算其应纳税所得额（不是应纳所得税额）时所确定的比例，是企业应纳税的所得额占其应税收入的比例。该比例根据各个行业的实际销售利润率或者经营利润率等实际情况分别测算得出，而不是税率。应税所得率的作用主要是用于确定纳税人的应纳税所得额，从而计算出纳税人最终应缴纳的企业所得税。

创业投资企业采取股权投资方式投资于未上市的中小高新技术企业 2 年以上（含 2 年）的，可以按照其投资额的 70% 在股权持有满 2 年的当年抵扣该创业投资企业的应纳税所得额；当年不足抵扣的，可以在以后纳税年度结转抵扣。

（2）商品税方面。自 2009 年 1 月 1 日起，对小规模纳税人不再设置工业和商业两档征收率，将增值税征收率统一降至 3%（之前的政策规定，小规模纳税人分为工业和商业两类，征收率分别为 6% 和 4%）。自 2013 年 8 月 1 日起，对增值税小规模纳税人中月营业额不超过 2 万元的企业或非企业性单位,暂免征收增值税;对营业税纳税人中月营业额不超过2万元的企业或非企业性单位,暂免征收营业税(对个体工商户另有起征点规定,前面已经提到)。

对为中小企业筹资而建立的纳入全国试点范围的非营利性中小企业信用担保、再担保机构,按地市级以上人民政府规定的标准取得的信用担保或再担保业务收入(不包括信用评级、咨询、培训等收入),自主管税务机关办理免税手续之日起,3年内免征营业税。

除了以上这些税收优惠政策,还有中小企业可以享受的其他优惠。如对企业的技术转让所得,在一个纳税年度内不超过500万元的部分,免征企业所得税;超过500万元的部分,减半征收企业所得税。对纳入全国试点范围的非营利性中小企业信用担保、再担保机构从事担保业务收入,可由地方政府确定,3年内免征营业税。"

"还是兄弟专业啊。"

得到朋友们的夸奖总是很高兴。

2012年4月12日

对下岗工人就业有税收优惠政策吗？

"'小税务'，这次真是有大事了！"

未见其人，先闻其声。莉莉带了一位四五十岁的大姐进来，愁容满面。

"什么大事呀？别急，坐下慢慢说。"

原来莉莉的单位最近下岗了一批人，她的这位好姐妹就在其中之列，她打算做点儿生意，又不知道下岗工人有哪些税收优惠，莉莉就想到了我。

"你有就业失业登记证吗？"

"就业失业登记证？"大姐不解地问。

"一听就知道没有，持有此证才能申请享受税收优惠啊。在税收政策中，持就业失业登记证的人员有四类：国有企业下岗失业人员；国有企业关闭破产需要安置的人员；国有企业所办集体企业下岗职工；享受最低生活保障且失业1年以上的城镇其他登记失业人员。赶紧把这个证办好。

如果你从事个体经营，当然要把建筑业、娱乐业以及销售不动产、转让土地使用权、广告业、房屋中介、桑拿、按摩、网吧、氧吧等行业排除在外，将会以每年8,000元为限额依次扣减当年实际应缴纳的营业税、城市维护建设税、教育费附加和个人所得税。也就是说，假设营业税5,000

元，城市维护建设税和教育费附加分别为350元和150元，个人所得税3,000元，按照上述扣减顺序，只能扣减营业税、城市维护建设税和教育费附加，以及部分个人所得税。仍需要缴纳500元个人所得税。

如果你办企业的话，还得把广告业、房屋中介、典当、桑拿、按摩、氧吧排除在外，在新增加的岗位中，当年新招用持就业失业登记证人员，与其签订1年以上期限劳动合同并缴纳社会保险费的，按实际招用人数予以定额依次扣减营业税、城市维护建设税、教育费附加和企业所得税。定额标准为每人每年4,000元基础上上浮20%，即每人每年的定额标准调整为4,800元。

不过，你可得抓紧，这项优惠政策的审批时限为2011年1月1日至2013年12月31日。"

"这样呀！大姐，你不是做饭的手艺好吗？干脆开个小饭店得了。"莉莉也帮着出主意。

"行啊，我就不相信了，自己还养活不了自己？"

"好，等饭店开业了，我们都去给你捧场！"

2012年6月10日

城镇退役士兵可以享受哪些税收优惠政策？

今天军军约我去打枪。这小子怎么最近爱好变化这么大？不打球开始改打枪了。带着满腹疑问，我准时来到了射击场。

一见面，军军就热情地介绍他身边的帅哥给我。

"'小税务'啊，这是我的发小，刚转业回来。他可是个神枪手呀！这两天在他的指导下我也进步不小啊。你赶紧和他学习一下。"

接下来的事实证明小帅哥真的是名不虚传，枪枪射中靶心，而且又很有耐心，诲人不倦，使我对他欣赏不已。

休息时，军军问我："我这发小想把这里承包下来，有没有什么税收优惠政策呀？"

"有啊，自2004年1月1日起，对自谋职业的城镇退役士兵，从事个体经营的，自领取税务登记证之日起，3年内免征营业税。不过要把建筑业、娱乐业以及广告业、桑拿、按摩、网吧、氧吧排除在外。

对为安置自谋职业的城镇退役士兵就业而新办的服务型企业（除广告业、桑拿、按摩、网吧、氧吧外），当年新安置自谋职业的城镇退役士兵达到职工总数30%以上，并与其签订一年以上期限劳动合同的，经县以上民政部门认定,税务机关审核,3年内免征营业税。"

"挺好呀,哥们儿,你就干这个吧,以后我们又有个休闲锻炼的好去处了。"

"好啊,欢迎你们常来,个个都成为神枪手。"

2012年7月10日

对残疾人就业有哪些税收优惠政策？

这几天我们一些球友组织了一场友谊赛，气氛很热烈啊。今天我正看比赛呢，莉莉跑过来跟我诉苦。

"哎哟，我昨天打球时太拼命了，今天胳膊都抬不起来了，快成残疾了！"

"残疾也有好处的。"我逗她，"残疾人员个人提供的劳务，可是免征营业税的，单位也会受益的。"

"啊，受什么益？"

"首先，对单位安置残疾人员的，退还增值税或减征营业税。不过具体限额，由县级以上税务机关根据单位所在区、县适用的经省级人民政府批准的最低工资标准的6倍确定，但最高不得超过每人每年3.5万元。增值税优惠政策仅适用于生产销售货物或提供加工、修理修配劳务取得的收入占增值税业务和营业税业务收入之和达到50%的单位，不适用于上述单位生产销售消费税应税货物和直接销售外购货物（包括商品批发和零售）以及销售委托外单位加工的货物取得的收入。

而营业税优惠政策仅适用于提供'服务业'税目（广告业除外）取得

的收入占增值税业务和营业税业务收入之和达到50%的单位，不适用于上述单位提供广告业劳务以及不属于'服务业'税目的营业税应税劳务取得的收入。单位应当分别核算上述享受税收优惠政策和不得享受税收优惠政策业务的销售收入或营业收入，不能分别核算的，不得享受优惠政策。

企业所得税方面呢，安置残疾人员及国家鼓励安置的其他就业人员所支付的工资，可以在计算应纳税所得额时加计扣除。也就是说，企业安置残疾人员的，在按照支付给残疾职工工资据实扣除的基础上，按照支付给残疾职工工资的100%加计扣除。"

听到这里，军军补充问了一句："残疾人范围如何确定呢？"

"目前残疾人包括视力残疾、听力残疾、言语残疾、肢体残疾、智力残疾、精神残疾、多重残疾和其他残疾的人。"

"你看你能算哪一种残疾呢？"我笑着问莉莉。

"算了吧，虽然这么多优惠政策，我还是不想残疾，继续打我的羽毛球吧。"

2012年8月10日

对大学毕业生创业有哪些税收鼓励政策？

莉莉的表弟今年大学毕业了，年轻人志存高远，希望自己创业，做出一番成就。莉莉对此很支持。听说国家在税收方面给予高校毕业生优惠，莉莉直接把电话打给了我。"哦，是关于高校毕业生创业的，这方面国家还是有不少税收优惠的。"一谈论到税务知识，我也立刻兴奋起来。

"根据《财政部 国家税务总局关于支持和促进就业有关税收政策的通知》（财税〔2010〕84号）的规定，对持就业失业登记证（注明"自主创业税收政策"或附着高校毕业生自主创业证）人员从事个体经营（除建筑业、娱乐业以及销售不动产、转让土地使用权、广告业、房屋中介、桑拿、按摩、网吧、氧吧外）的，在3年内按每户每年8,000元为限额依次扣减其当年实际应缴纳的营业税、城市维护建设税、教育费附加和个人所得税。

"那么持就业失业登记证（注明"自主创业税收政策"或附着高校毕业生自主创业证）人员具体是指哪些人呢？"莉莉接着问。

"这类人员具体是指：（1）在人力资源和社会保障部门公共就业服务机构登记失业半年以上的人员；（2）零就业家庭、享受城市居民最低生活保障家庭劳动年龄内的登记失业人员;(3)毕业年度内高校毕业生。

而高校毕业生是指实施高等学历教育的普通高等学校、成人高等学校毕业的学生;毕业年度是指毕业所在自然年,即1月1日至12月31日。"

"就业失业登记证应该如何申领呢?"莉莉想得挺细致。

"这个具体分两种情况。毕业年度内的高校毕业生在校期间凭学校出具的相关证明,经学校所在地省级教育行政部门核实认定,取得高校毕业生自主创业证(仅在毕业年度适用),并向创业地公共就业服务机构申请取得就业失业登记证;高校毕业生离校后直接向创业地公共就业服务机构申领就业失业登记证。"

莉莉听完后,十分高兴,原来国家针对高校毕业生创业出台了这么多优惠政策,税收扶持力度是如此之大。

2012 年 9 月 20 日

支持高新技术发展的税收政策有哪些？

根据报社安排，下周我要到中关村高新技术产业园区采访，调研高新技术企业生存、发展现状。高新技术企业代表着创新和未来生产力的发展方向，一定程度上反映了国家的综合竞争力。为做好采访准备，我查阅了国家支持高新技术企业发展方面的税收优惠政策。

首先是企业所得税方面：对认定为高新技术企业且符合相关条件的，可减按 15% 的税率征收所得税。对企业为开发新技术、新产品、新工艺发生的研究开发费用，未形成无形资产计入当期损益的，在按照规定据实扣除的基础上，按照研究开发费用的 50% 加计扣除；形成无形资产的，按照无形资产成本的 150% 摊销。

其次是增值税方面：（1）增值税一般纳税人销售其自行开发生产的软件产品，按 17% 税率征收增值税后，对其增值税实际税负超过 3% 的部分实行即征即退政策。（2）增值税一般纳税人将进口软件产品进行本地化改造后对外销售，其销售的软件产品可享受前一条规定的增值税即征即退政策。（3）纳税人受托开发软件产品，著作权属于受托方的征收增值税，著作权属于委托方或属于双方共同拥有的不征收增值税；对经过国家版权局注册登记,纳税人在销售时一并转让著作权、所有权的,不征收增值税。

第三是营业税方面:对单位和个人从事技术转让、技术开发业务和与之相关的技术咨询、技术服务业务取得的收入,免征营业税。

2012年10月12日

支持环境保护、节能节水项目的税收政策有哪些？

京城的PM2.5数据一公布，举国皆惊。军军心想："做生意要赚钱，但决不能以破坏环境为代价。"他找到了我。"'小税务'，我想购进新型的环保设备，淘汰老旧设施，国家在这方面有没有什么税收优惠？"

"果然是有觉悟，我'小税务'没白交你这个朋友。环保是当今国际的趋势，中国要顺应潮流，走可持续发展道路，就必须重视环保，节约能源，大力扶持环保、节能节水产业。在这方面，税收的扶持力度也很大。主要体现在企业所得税方面：

对环境保护、节能节水项目的所得，自项目取得第一笔生产经营收入所属纳税年度起，第1年至第3年免征企业所得税，第4年至第6年减半征收企业所得税。

企业购置并实际使用《环境保护专用设备企业所得税优惠目录》《节能节水专用设备企业所得税优惠目录》和《安全生产专用设备企业所得税优惠目录》规定的环境保护、节能节水、安全生产等专用设备的，该专用设备的投资额的10%可以从企业当年的应纳税额中抵免；当年不足抵免的，可以在以后5个纳税年度结转抵免。

举例来说，如果投资额为 100,000 元，则其 10% 为 10,000 元，而当年应纳税额为 15,000 元，这样当年只需交 5,000 元的企业所得税。请注意，抵免的可是应纳税额，国家对环境保护可不含糊。"

"走，'小税务'，陪我选购环保设备去。"军军兴高采烈。

2013年3月15日

支持农业发展的税收政策有哪些？

果然是春天了，风清日丽，鸟语花香，我约了军军一家还有几个朋友一起去郊外农业大棚里摘草莓，让小朋友们接触一下大自然。

孩子们在田里兴高采烈地采摘，大人们则边看边聊天。

"种植草莓挺好啊，既可以挣钱，又可以享受田园生活，我都想做个农夫了。"军军发着感慨。

"可以啊，办个农业型企业可在税收方面享受许多优惠政策呢，比如农业生产者销售的自产农产品，免征增值税；而种植蔬菜、谷物、薯类、油料、豆类、棉花、麻类、糖料、水果、坚果免征企业所得税。不过如果公司经营多个项目，且涉及不能免税的，必须将相关项目单独核算才行。"

"这么好啊，还有什么是免的？"

"再比如农作物新品种的选育；中药材和树木的种植，牲畜、家禽的饲养，林产品的采集，灌溉、农产品初加工、兽医、农技推广、农机作业和维修，还有远洋捕捞，都是免征企业所得税的。不过花卉、茶以及其他饮料作物和香料作物的种植以及海水养殖、内陆养殖是减半征企业所得税的。"

听得一干人等频频点头，我来了兴致，越发显摆起来。

"至于地方各税，优惠就更多了：像农业机耕、排灌、病虫害防治、植物保护、农牧保险以及相关技术培训业务，家禽、牲畜、水生动物的配种和疾病防治，都是免征营业税的。

直接用于农、林、牧、渔业的生产用地，包括像这种经营采摘、观光农业的单位和个人其直接用于采摘、观光的种植、养殖、饲养的土地，免征城镇土地使用税；纳税人承包荒山、荒沟、荒丘、荒滩的土地使用权，用于农、林、牧、渔业生产的，免征契税。

印花税方面，首先对农林作物、牧业畜类保险合同暂不贴花；再有是对国家指定的收购部门与村民委员会、农民个人书立的农副产品收购合同，对农民专业合作社与本社成员签订的农业产品和农业生产资料购销合同，免征印花税。"

众人正在赞叹，一个小家伙插了一句："就应该不交钱嘛，农民伯伯多辛苦啊，就像这草莓，吃的时候很甜，但摘起来真是太累了，真是粒粒皆辛苦啊！我以后会好好珍惜粮食和所有的农产品的！"

大人们都欣慰地笑了。

2013年5月12日

对捐赠行为有什么税收优惠政策？

2013年4月20日，四川雅安发生7.0级地震，全国人民心系雅安。莉莉和军军也想尽一份力，向雅安捐赠一些钱物。军军先来咨询我，看国家对捐赠行为有什么税收优惠，是以个人名义捐赠还是以公司名义捐赠较好？

"哦，向雅安捐赠，好事啊。

为了鼓励纳税人进行公益、救济性捐赠，更好地为社会和国家减轻负担，我国出台了一系列税收优惠政策，鼓励公益慈善捐赠行为。

首先，对企业从事捐赠行为的，可以享受企业所得税税收优惠。一般来说，企业发生的公益性捐赠支出，在年度利润总额12%以内的部分，准予税前扣除。

这里一定要注意公益性捐赠这个概念，它是指企业通过公益性社会团体或者县级以上人民政府及其部门，用于公益事业捐赠法规定的公益事业的捐赠。公益性社会团体，应为同时符合下列条件的基金会、慈善组织等社会团体：(1)依法登记，具有法人资格；(2)以发展公益事业为宗旨，且不以营利为目的；(3)全部资产及其增值为该法人所有；(4)收益和营运结余主要用于符合该法人设立目的的事业;(5)终止后的剩余财产不归属任何个人或者营利组织;(6)不经营与其设立目的无关的业务;(7)有健全的财务会计制度;(8)捐赠者不以任何形式参与社会团体财产的分配;(9)国务院财政、税务主管部门会同国务院民政部门等登记管理部门规定的其他条件。"

军军问道:"那么,能不能列举一下,不能享受税收优惠的捐赠行为有哪些?"

"不能享受税收优惠的捐赠行为可以分为三方面:一是非公益性的捐赠,不得从应纳税所得额中扣除;二是纳税人未通过公益性社会团体或者县级以上人民政府及其部门,直接向受捐人进行的捐赠,不允许从应纳税所得额中扣除;三是超过国家规定允许扣除比例的公益性捐赠,不得从应纳税所得额中扣除。"

"对了,我记得不是还有允许全额扣除的规定吗?"军军说。

"原来还做了功课的。对,是有一些特殊税收规定,允许100%全额扣除。例如企业为汶川地震灾后重建、举办北京奥运会和上海世博会、向玉树地震灾区提供援助、支持舟曲灾后恢复重建等特定事项的捐赠,允许在企业所得税前全额扣除。需要注意的是,这些税收优惠政策一般都有截止时间,如支持汶川地震灾后重建的捐赠,截止时间为2008年12月31日,支持玉树地震灾区和舟曲灾区的捐赠,截止时间为2012年12月31日。

还需注意的是,2008年1月1日新企业所得税法及其实施条例施行以前,财政部、国家税务总局下发了一系列文件,规定企业的某些特定公益性捐赠可以在企业所得税前全额扣除。如企业、事业单位,社会团体和个人等社会力量,通过规定公益性组织用于公益救济性捐赠,准予在缴纳企业所得税前全额扣除。但在2008年以后,企业用于公益性捐赠支出可以100%扣除的规定已经废止。

另外,除了企业所得税优惠政策,对于企业捐赠行为,还有一些较为零碎的进口增值税、消费税、契税等税收优惠。这里就不细说了吧。

"其次，对个人从事捐赠行为的。一般性税收规定是按30%的比例在税前扣除。根据规定，纳税人将其所得通过中国境内的社会团体、国家机关向教育和其他社会公益事业以及遭受严重自然灾害地区、贫困地区的捐赠，捐赠额未超过纳税人申报的应纳税所得额30%的部分，可以从其应纳税所得额中扣除。如果实际捐赠额大于捐赠限额时，只能按捐赠限额扣除；如果实际捐赠额小于或者等于捐赠限额，按照实际捐赠额扣除。一般来说，对纳税人直接向受赠人捐赠的，也不允许从个人所得税应纳税所得额中扣除。"

"是否也像企业所得税一样，有一些特殊税收规定，允许100%全额扣除？"军军问。

"是的，享受全额扣除个人所得税优惠政策的主要有以下几种情形：向红十字事业的捐赠；向公益性青少年活动场所的捐赠；向农村义务教育的捐赠；向教育事业的捐赠；对福利性、非营利性老年服务机构的捐赠；向宋庆龄基金会、中国医药卫生事业发展基金会、中华健康快车基金会等单位的捐赠；向地震灾区的捐赠等等。"

"能否举个例子？"

"行。比如一位歌星参加某单位举办的演唱会，取得出场费40,000元，将其中10,000元通过当地教育机构捐赠给某希望小学。这种情况，先计算未扣除捐赠的应纳税所得额=40,000元×（1-20%）=32,000元；捐赠的扣除标准=32,000元×30%=9,600元，实际捐赠额大于扣除标准，所以只能按照扣除标准扣除；这样，应该缴纳的个人所得税=（32,000-9,600）元×30%-2,000=4,720元。

如果没有捐赠的话，这位歌星应缴纳的个人所得税=32,000元×30%-2,000=7,600元。可见，捐赠行为实际上也是一种税收筹划手段，通过捐赠10,000元，减少了2,880（7,600-4,720）元税款。"

"谢谢'小税务'，我明白了。"军军满意地坐下，"我进行公益性捐赠，国家也会给予相应的税收优惠，真是做好事有好报啊。"

七

税收筹划篇

篇首语: 古语道:凡事预则立,不预则废。在税收领域也是如此。既然"税收和死亡一样,是不可避免的",那我们在依法纳税的前提下,是不是可以有所准备,有所谋划,来更好地安排生活呢?答案是肯定的。有句话是这样说的:野蛮者抗税,愚昧者偷税,糊涂者漏税,精明者进行税收筹划。那么,究竟何为税收筹划?如何进行税收筹划?了解一下这些基础知识对于我们老百姓来说是必要的。

2012 年 3 月 19 日

税收筹划是怎么一回事？

今天正要收拾收拾准备下班，接到军军的电话，邀请我去家里吃饭。军军早在我面前夸他家莉莉有一手好厨艺，正好前去品尝品尝……

"哇，好香啊！"望着一桌子美味佳肴，我直咽口水。

"哈哈，欢迎品尝本大厨师的手艺！"看着我的馋样，莉莉得意地说。

"哇，不错不错，军军，哥们羡慕嫉妒恨啊！"

"只有咱家御用'小税务'才有这待遇呢！对了，前两天我听朋友说他们单位发工资时有什么税收筹划，结果少交了不少个税呢，省下的可是真金白银啊！这有什么门道啊？"

"军军，我真正知道'天下没有免费的午餐'是咋回事了。呵呵，好吧，既然嘴上享用了美味，我就念叨念叨。比如，一人月工资收入 5,000 元，年终奖 24,000 元，怎么交税呢？一是将年终奖单独作为一个月工资、薪金所得，那么根据税法，一共交……2,835 元个税；二是，将年终奖分摊到每个月发放，那么，一共交……2,940 元个税。这就相差了 105 元。"

"厉害！这税收筹划真是个好东西！我得好好了解下，回头也给我们公司筹划筹划。"莉莉高兴地说。

"就是，给我们好好讲讲，我这个小老板本小利薄，更需要筹划了。"

"好吧，给你们补充下精神食粮吧。"我清清嗓子，"有这么一句话，'野蛮者抗税，愚昧者偷税，糊涂者漏税，精明者筹划'，讲的就是税收筹划的内容。那究竟什么是税收筹划呢？

税收筹划也叫纳税筹划，是指纳税人在不违反税收法律法规规章的前提下，通过对生产、经营、投资、理财等涉税事项的事先安排，从而实现其税后收益最大化或者谋取某种税收利益行为的总称。你们说说税收筹划的关键点有哪些？"我有意考考他们。

"我听明白了，税收筹划的前提条件是必须符合国家法律及税收法规；目标嘛，是使纳税人的利益最大化。"莉莉抢先说。

"我记得，你提到了'事先安排'，就是说税收筹划的发生必须是在生产经营和投资理财活动之前。对吧？"军军边想边说道。

"呵呵，不愧是我'小税务'的朋友，悟性就是高！还有一点，就是税收筹划的方向应当符合税收政策法规的导向，因为税收筹划是国家税收政策的重要传导机制，它并没有损害国家利益，而是落实国家宏观政策的措施和桥梁。这也是国家允许税收筹划的关键所在。

但是，在实际操作中呢，税收筹划则有两种类型，即符合税法立法意图的税收筹划和不符合税法立法意图的税收筹划。符合税法立法意图的税收筹划是指纳税人的税收筹划不但符合法律规定，而且符合立法意图，是从事于国家鼓励和支持的行业、产业和项目从而享受一定的低税负优惠政策。而不符合立法意图的税收筹划是指纳税人的税收筹划尽管不违反法律，但是不合乎税法的立法目的，这样的筹划行为存在较大的涉税风险。"

"那税收筹划倒有利于增强纳税人的法律意识喽。他必须在法律允许的范围内，采取合理的方法安排自己的经济活动进行税收筹划。为达到少缴税目的而不择手段，肯定是每个国家的政府打击的对象，要承担法律责任的。"军军笑道。

"要我说，税收筹划还有利于提高企业的经营、财务管理和会计核算水平呢。刚才说事前的各种经营、投资等的安排，企业没有一定的经营、财务管理水平肯定是做不到的。另外，对我们这些会计人员也有很高的要求啊，我们得通晓税法、财会知识，掌握最新的税收政策，然后才谈得上筹划啊。"莉莉也深有感触地说道。

"对啊，从国家层面来说呢，税收筹划实质上是纳税人对国家税法及有关税收经济政策的一种反馈行为，同时也是对政府政策导向的正确性、有效性和国家现行税法完善性的检验。因此，政府部门可以利用纳税人税收筹划行为反馈的信息，改进有关税收政策和完善现行税收法律、法规，从而促使国家税制建设向更高层次迈进。"

我喝了口水，接着说："现在我国正处于产业结构调整的关键时期，税收筹划也扮演着重要角色，因为税收筹划活动是企业对国家税法的反馈行为。如果政府的税收政策导向正确，税收筹划行为将会对宏观经济产生良性的、积极正面的作用，使税收的杠杆作用得以发挥。在市场经济条件下，作为市场主体的企业，任何经营筹划行为都是独立的，但为了减少市场调节的盲目性和滞后性，国家应采取税收等手段进行必要的干预，而企业的税收筹划正是迎合了国家的政策导向，有利于国家政策的实施和产业结构、投资方向的优化。"

"呵呵，这税收筹划真是利国利民啊。"军军笑道。

"是啊，咱们三个算是把税收筹划的正能量都说全了啊。"我小结了一下。

"关于税，还有好多概念，比如偷税、逃税、节税、避税等等，加上今天谈到的税收筹划，它们之间怎么区分呢？"莉莉追问道。

"嗯，我想那是下顿饭要讨论的话题吧，哈哈……"

2012年4月21日

可别把税收筹划和偷税、逃税、节税、避税等弄混了

那天在饭桌上和军军、莉莉谈论税收筹划的话题,我感觉确实需要普及这方面的知识,好好发挥税收筹划"利国利民"的正能量。莉莉最后问到的"税收筹划和偷税、逃税、节税、避税等概念有什么区别"的问题确实是需要理清的,于是建议作为这期财税沙龙的主题,并请李教授来做讲解。当然,莉莉是必须叫上的。

李教授说:"税收筹划与和偷税、逃税、节税、避税等概念大家很容易混淆,我简要讲解一下:

首先,与税收筹划最为相近的是节税。节税是指在税法规定的范围内,在符合立法精神的前提下,当存在着多种纳税方案的选择时,纳税人以税收负担最低的方式来处理财务、经营、组织及交易事项的过程。但节税与税收筹划也有几点区别:(1)在法律的适用上不同。税收筹划是在不违反税收法律、法规和规章的前提下进行的,显然包括了采取一些不符合但也不违反现行法律规定的手段或方法。而节税强调在税法规定范围内,是在符合国家立法精神的前提下所做出的行为。(2)范围不同。税收筹划包括

的范围较节税范围广。税收筹划除了包括有利于实现企业财务目标最大化的节税外，还包括延期纳税和税负转嫁等。（3）目的不同。节税的目的是为了税收负担最小化，而税收筹划的目的是为了实现企业价值最大化目标，因此为了实现财务目标，税收筹划有时还会选择那些税负较高或最高的方案。（4）方法不一样。节税是利用减少应纳税额的办法来实现税收负担最小化，而税收筹划的方法远不止如此。

避税是指纳税人采取违法或者非违法手段来达到减轻税收负担的目的的行为。习惯上分为违法避税和非违法避税。违法避税包括偷税、逃税和抗税。而非违法避税才是税收筹划的一部分。"

接着，李教授顿了下说："下面谁能谈谈税收筹划与避税的区别啊？"

莉莉举起了手："我认为避税的目的和节税一样，都只是为了少交税，比筹划的目的小。但是，它采取的方法的范围却比节税和筹划大，它还包括非法的手段。"

"呵呵，非常好！"李教授赞许道，"接下来的偷税、逃税、抗税都是采取了非法的手段以达到少交税的目的，也就是避税中的违法避税的几种方法，因此都是税法打击的对象。

咱们先看看偷税的做法：主要有伪造、变造、隐匿、擅自销毁账簿、记账凭证，或者在账簿上多列支出或者不列、少列收入，或者经税务机关通知申报而拒不申报或者进行虚假的纳税申报，不缴或者少缴应纳税款等行为。

逃税，主要是指纳税人欠缴应纳税款，采取转移或者隐匿财产的手段，妨碍税务机关追缴欠缴税款的行为。

抗税大家就比较容易理解了，就是纳税人以暴力、威胁方法拒不缴纳税款的行为。因此它在违法避税中属于性质最为恶劣的。

最后一个，漏税，比较特殊。它是指纳税人由于不知道或者不熟悉税法的有关规定，或者是由于工作中粗心大意和财务制度不健全而无意识地不缴税或少缴税。所以，它没有目的性也未采取任何方法、手段。有一点需要指出:税法的专业性、复杂性和多变性使一般的纳税人无法及时知晓和准确掌握,因此漏税是一种难以避免甚至无法克服的现象。"

"教授就是有水平,这么轻松就把一堆概念给说清楚了,太厉害啦!"莉莉赞叹道。

"那当然!你悟性也不错嘛,教授很赞赏你啊。"我插话说。

"要不我考他的研究生吧?"

"我看行,哈哈……"

2012 年 4 月 25 日

税收筹划是有风险的

税收筹划运用好了，用军军的话说可以"利国利民"，但确实存在很多风险。我决定找事务所的陈俊聊聊这个话题。

"我感觉有句话是放之四海而皆准啊！"我感叹道。

"'小税务'何出此言啊？"陈俊夸张地摇头晃脑道。

"我有你学得那么酸吗？我是说风险总是伴随着收益，这在税收筹划中也是。我觉得这一点很有必要引起足够的重视。"

"确实是，比如政策性风险，即由于对税收政策理解偏差引起的风险。税收筹划是实用性和技术性很强的业务，涉及多个领域，因此对税收筹划人员提出了很高的要求。由于税收筹划人员受专业的局限，对相关法律条款的理解可能相对不够准确，因而难免在具体操作上出现偏差，引发税收筹划的政策风险。"

"所以，你们事务所很有存在的必要啊。"

"这确实是我们的专长啊。但是由于许多筹划活动是在法律的边界运作，我们也很难准确把握其确切的界限，而且有些问题在概念的界定上本来就很模糊，加上各地具体的税收征管方式也有所不同，税收执法部门拥有较大的自由裁量权,相关规定尚未完善,执法机关在判定减税行为的合法性上存在一定的主观性,这也会带来一定的税收筹划风险。"

"我认为还有税收政策调整引起的风险。我国的市场经济正在不断地发展和完善,国家的税收政策必然随之不断调整。因此,政府的税收政策具有不定期或相对较短的时效性。那么企业制订税收筹划方案从酝酿到设计再到落实、实施都需要一定的时间。如果税收筹划方案不能跟上国家最新的税收调整政策,那么其最初的筹划方案就可能由合法变为不合法、由合理变为不合理。"

"是啊,税收政策的时效性增加了企业税收筹划的难度,甚至可以使企业税收筹划的目标遭到失败。因此,税收政策的时效性将会带来企业税收筹划的风险。其实,对于我们事务所来说,还存在一个信息不对称的风险。纳税人聘请我们进行税收筹划,但在进行税务筹划的过程中,如果税务筹划专业人士对纳税人了解不够或者纳税人出于某种目的故意隐瞒有关信息,就会导致筹划人员提出不当的筹划方案,从而产生风险。"

"所以,就好比请律师打官司,必须跟律师毫无保留地沟通才能让律师做出最有利的辩护。"我认同地点点头。

"还有就是成本风险。税收筹划不是简单的节税问题,纳税人的财务利益最大化要考虑节减税收,更要考虑为之所付出的代价。任何一项经营决策活动都具有两面性:一方面为经营者带来经济上的效益;另一方面,决策与筹划本身也需要实施费用。税收筹划在可能给纳税人减轻税收负担、带来税收利益的同时,也需要纳税人为之支付相关的费用。纳税人为开展税收筹划,不得不对现行税收法律政策进行研究、组织相关人员的培训或委托税务代理机构等等,所有这些都要发生费用。如果纳税人的税收筹划费用小于实施税收筹划给他增加的收益,那么,该税收筹划才是成功的;而一旦纳税人的税收筹划费用大于筹划收益,即使税收负担降低了很多,该税收筹划仍然是失败的筹划。"

"成本效益原则,同样放之四海而皆准。对了,我最近听说有个'供应链筹划',这是个新的税收筹划方式吧?"

"是的,经济全球化的现状和趋势,使税收筹划不再仅仅限定于一国(地区)之内。目前,四大会计师事务所开展比较多的一个业务就是所谓的'供应链筹划',这是在全面掌握本国(地区)法律与境外法律、相关税收协定、劳动力成本、政治环境、外汇风险等基础上开展的一种更为宏观、比传统税收筹划更为复杂的筹划活动,这需要企业站在战略高度全面分析和评估筹划方案。和传统的税收筹划理念相比,供应链税收筹划更强调多税种、多环节、全流程的协调,并以关联交易转让定价作为合理手段将利润存留在低税率的国家。这种战略选择收益很高,但同时风险也很大,可以称之为战略风险。

2012 年 5 月 7 日

什么是企业所得税筹划？

今天受莉莉引荐，我荣幸拜会了本市最大的私企老板，不出所料，谈话内容当然是关于税收筹划的了。呵呵，没想到我已经拥有老板层级的粉丝了。

谈话中，李总所关注的企业所得税筹划正是税收筹划中的一个重要方面。在企业进行税收筹划的过程中，企业所得税的筹划是极其重要的一部分。所得税筹划成功，给企业带来的经济利益是其他税种筹划所无法比拟的。

企业所得税是企业获得净收益的法定代价，在企业税前利润一定的情况下，所得税费用越少，企业的净利润就越多。企业为了获取尽可能多的收益，总希望在税法规定的前提下，尽可能地少缴纳税费。那么，具体说来企业所得税筹划，是指企业根据企业所得税内在特点，通过对销售收入、成本费用、固定资产折旧和存货等方面的内容进行税收事先安排，达到少缴或延迟缴纳企业所得税目的的行为。

通过和李总的谈话，我认为企业所得税筹划有如下特点需要给予足够的关注：

（1）与财务会计制度联系紧密。企业所得税由于其本身的特点，不熟悉财务会计的人是难以真正深入研究企业所得税筹划的。（会计朋友们可要把握好这个接触企业决策层面的机会哟，莉莉不就因此成了李总身边的小红人了？）

（2）税收优惠较多。与其他税种相比，企业所得税中的税收优惠更多，这也为税收筹划提供了更大的空间。（这需要筹划人员全面、及时地了解税法中的相关规定并加以合理利用。）

（3）税前扣除复杂。在计算企业所得税时允许成本、费用、税金、损失等在税前扣除，这些扣除项目有的有限额规定，有的可以据实扣除，有的可以自行扣除，有的需申报才能扣除。

（4）跨境税收关系较多。利用纳税人非居民身份、受益所有人身份、税收协定（安排）等开展跨境税收筹划也是现在非常重要的一个趋势。因为现在境内所得税法相对比较完善，筹划空间正在缩减，而境外业务税收筹划空间则相对较大。而且与其他税种相比，所得税的这一特征也是非常独特的。

总体说来，企业所得税筹划应该主要围绕纳税人身份、计税依据中收入实现和税前扣除、税率、减免税以及税收协定等涉税项目进行。

为了让李总形象地理解企业所得税筹划，我当时举了个不错的例子，记录下来吧：

案例：利用纳税人身份进行税收筹划

企业投资设立下属公司，选择设立子公司或分公司对企业所得税税负所产生的影响。子公司是独立法人，如果盈利或亏损，均不能并入母公司利润，应当作为独立的居民企业单独缴纳企业所得税。当子公司微利的情况下，子公司可以按20%的税率缴纳企业所得税，使集团公司整体税负降低，在给母公司分配现金股利或利润时，应补税率差，则设立子公司对于整个集团公司来说，其税负为子公司缴纳的所得税和母公司就现金股利或利润补交的所得税差额。分公司不是独立法人，不形成所得税的居民企业，其实现的利润或亏损应当并入总公司，由总公司汇总纳税。如果是微利，总公司就其实现的利润在缴纳所得税时，不能增减公司的整体税负。如果是亏损，可抵减总公司的应纳税所得额，从而达到降低总公司的整体税负的目的。

乙公司所得税税率为25%，2008年1月拟投资设立回收期长的公司，预测该投资公司当年亏损600万元，假定乙公司当年实现利润1,000万元，现有两方案可供选择：一是设立全资子公司；二是设立分公司。（假设不存在其他纳税调整事项）

（1）设立子公司情况下的所得税税负：

子公司当年亏损，不缴纳所得税，其亏损可结转以后年度，用以后年度所得弥补。乙公司当年缴纳的所得税 =1,000万元×25%=250万元

集团公司整体税负 =250万元

（2）设立分公司情况下的所得税税负：

乙公司当年缴纳的所得税 =（1,000-600）万元×25%=100万元

（3）比较乙公司当年的整体税负，设立子公司情况下缴纳的所得税比设立分公司缴纳的所得税多150（250-100）万元。

从上述实例可看出，企业投资设立下属公司，当预期下属公司亏损的情况下，企业应选择设立分公司的组织形式。

2012年6月11日

个人所得税筹划好处多多

博锐财税沙龙是越来越火了，最近一期的主题是个人所得税筹划方面的，来了好多人，会议室都坐不下了。本人荣幸担当了会议记录人的角色，部分精彩内容我得在日记中记录下来：

这一期主题是"个人所得税筹划的现在与未来"，李教授和税务师事务所陈俊作为主讲嘉宾。

"个人所得税是老百姓关心的税种，因为是直接从工资里面扣除的，容易有切身体会。"陈俊介绍，"个人所得税是对个人取得的各项应税所得征收的一种税。我国目前个人所得税的主要特点是：实行分类征收，即将个人取得的各种所得划分为11类，分别适用不同的费用减除规定、不同的税率以及不同的计税方法。累进税率和比例税率并用。对工资、薪金所得，个体工商户生产、经营所得，以及个人对企事业单位的承包经营、承租经营所得，采用累进税率；对劳务报酬、稿酬等其他所得采用比例税率。课税制（支付单位扣缴）和申报制（纳税人自行申报）两种征纳方法并行。"

讲到这里，似乎不少企业负责人对这个话题不太感兴趣。但随后李教授的话吸引了大家的注意。"个人所得税的最终负担者虽然是个人，对个人所得税的筹划不直接为公司带来利益，但做好个人所得税的筹划可以让公司在人才竞争中处于有利地位，在与别的企业付出相同代价的同时却能留住更好的人才，获得更多的回报。"李教授顿了下，接着说："那么，对企业来说，个人所得税的筹划是非常重要的。下面给大家发个资料，是《中国税务报》上的一个案例，从一个方面反映了个人所得税筹划的重要性。"

目前，很多企业都招聘有外籍员工，而且这些外籍员工大多租房住。对这些外籍员工而言，住房补贴是以现金形式直接发放好还是让员工拿着租房发票来报销好？不少企业认为，直接以现金形式发放比拿发票报销更便捷。但却恰恰忽略了外籍员工应享受的个人所得税免税优惠。

典型案例：甲企业以现金形式为外籍员工每月发放3,000元的住房补贴。按照现行政策规定，由于该住房补贴属于现金形式，不得享受个人所得税免税政策，应并入外籍员工的工资、薪金所得缴纳个人所得税。乙企业则规定，外籍员工每月可以凭发票报销3,000元的租房费用，并且得到了主管税务机关的核准。由于乙企业为外籍员工报销的住房补贴符合免税规定，该住房补贴可以免征个人所得税。

《财政部 国家税务总局关于个人所得税若干政策问题的通知》（财税［1994］20号）文件规定，外籍个人以非现金形式或实报实销形式取得的住房补贴、伙食补贴、搬迁费、洗衣费，暂免征收个人所得税。《国家税务总局关于外籍个人取得有关补贴征免个人所得税执行问题的通知》（国税发［1997］54号）文件进一步明确，对外籍个人以非现金形式或实报实销形式取得的合理的住房补贴、伙食补贴和洗衣费免征个人所得税，应由纳税人在初次取得上述补贴或上述补贴数额、支付方式发生变化的月份次月进行工资、薪金所得纳税申报时，向主管税务机关提供上述补贴的有效凭证，由主管税务机关核准确认免税。

个人所得税问题关系到每个职工的切身利益，企业财务人员在遇到有关个人所得税的问题时，应该多加关注。从某种意义上说，为企业员工合理、合法节约个人所得税，相当于给员工增发的工资。这对

员工而言，既能增加经济收入，也能体现企业对员工的人文关怀，何乐而不为呢？（张凯　《中国税务报》）

在随后的讨论中，本期沙龙对进行个人所得税税收筹划的意义形成了如下成果：

1. 对于企业。21世纪的竞争是人才的竞争。在公民纳税意识日益增强的今天，税后收入会成为越来越多高级人才在择业时比较的基础。个人所得税的最终负担者虽然是个人，对个人所得税的筹划不直接为公司带来利益，但做好个人所得税的筹划可以让公司在人才竞争中处于有利地位，在与别的企业付出相同代价的同时却能留住更好的人才，获得更多的回报。

2. 对于个人。个人所得税的税收筹划有助于纳税人维护自身利益，实现经济利益最大化。纳税人在遵守税法的前提下，本着"法无禁止即可为"的原则，提出多个纳税方案，然后通过比较，选择税赋最轻的方案。一方面可以减少现金流出量，从而达到在现金流入量不变的前提下增加净流量的目的；另一方面，可以延迟现金流出的时间，利用货币的时间价值获得一笔没有成本的资金，提高资金的使用效率，帮助纳税人实现最大的经济利益——这正是税收筹划所要达到的目的！

3. 对于国家税收政策。第一，个人所得税的税收筹划有助于税法知识普及。个人所得税的税收筹划作为税收筹划的组成部分，具有最广大的人群——几乎所有的公民在其一生当中都会或多或少地与个人所得税相关联。而纳税人要想进行税收筹划，熟悉相关税法知识就是其基本的前提条件。第二，个人所得税税收筹划有助于国家不断完善相关税收政策、法规。个人所得税税收筹划是针对税法中未明确规定的行为及税法中的优惠政策而进行的，是纳税人对国家税法及有关税收经济政策的反馈行为。充分利用纳税人税收筹划行为的反馈信息，可以完善现行的个人所得税法并改进有关税收政策，从而不断健全和完善我国的税法和税收制度。

2012年12月2日

工资、薪金原来可以这样发

参加完上次财税沙龙后，就计划着搞几期个人所得税筹划专栏，陈俊所在的事务所有这方面的业务，应该有很多成功案例，周末约他打网球，互相切磋一下。

"'小税务'，别老是爬格子了，周末咱们一起打打球、聊聊天多好，你打的一手漂亮网球可不要浪费了，要享受精彩生活啊！"陈俊边捡球边喘着粗气说。

"是啊，在学校时我可拿过网球冠军呢。你别太拼了，咱们歇会儿。我最近对个人所得税筹划很感兴趣，你们所也有这方面的业务，给我来个以案说法吧。"

"呵呵，好，咱们边休息边聊。个人所得税因为直接影响到个人腰包，所以这块业务是越来越火。咱们先说最主要的工资、薪金税收筹划吧。"

"嗯，这是大多数人最主要的收入来源。但是，员工作为工资、薪金的领受方，这方面的筹划个人可没有多少操作空间，主要还是依靠企业来操作吧？"

"是的，有人力资源管理理念的企业家肯定会发现在这方面投入的回报可是巨大的。企业在工资、薪金方面可有以下几种操作方法：

（1）工资、薪金适当福利化，降低名义收入。一般来说，工资、薪金收入超过 3,500 元就要纳税。筹划时，可以将超过 3,500 元的工资、薪金部分用于职工福利支出，这样不仅可以改善职工福利状况，增加其可支配收入，还可以降低名义收入以减少纳税。通常可采取支付交通、通信、用餐等基本消费支出，相应地降低其税前工资，减少计税依据；为职工免费提供福利设施，如健体中心、理发洗浴，甚至交通工具等，只要不将其转化为现金支付或改变产权归属，则可不必缴纳个人所得税；为职工提供周转房或负担其房租；每年为职工报销一定额度的图书资料、学习培训费用。具体筹划时，企业应建立实报实销（或限额报销）制度，明确报销方式及限额，并依据合法的报销凭证处理。

（2）合理发放年终奖金、津贴。税法规定，雇员当月取得的全年一次性奖金作为单独一个月的工资、薪金所得计税，用当月取得奖金数除以 12 个月，按其商数确定适用税率和速算扣除数计算应纳税额；雇员取得除全年一次性奖金以外的其他各种名目的奖金，一律与当月工资、薪金收入合并纳税。因此可以通过合理分配奖金，尽可能地降低年终一次性奖金的适用税率，即在月收入适用税率不低于年终奖金适用税率的条件下，只要不提升年终奖金的适用税率级数，应尽量将各种奖金合并在年终一起发放。但如果月收入本身适用税率已低于年终奖金适用税率，就应将奖金转换为月收入发放。

举例来说：小李单位每月实发工资 5,000 元，12 月发放给每个职工年终奖 18,000 元，全年收入 78,000 元。在这种方法下，全年需要缴纳个人所得税 1,500 元 ×3%×12（月工资部分）+18,000 元 ×3%（年终奖部分）=1,080 元。而如果将年终奖分到每月工资中，小李单位每月实发工资 6,500 元，全年收入也是 78,000 元。在这种方法下，全年需要缴纳个人所得税（3,000 元 ×10%-105 元）×12（月工资部分）=2,340 元。

可以看出，由于发放年终奖 18,000 元，适用税率为 3%，且工资收入也适用 3% 的税率。如转换为月工资收入，适用税率将提高到 10%。从税收角度出发，发放年终奖比较合算。

（3）采取推延或预支方式，均衡发放工资、薪金。部分企业由于受季节、假期等因素影响，职工工资水平在各月起伏会比较大。如果将全年预期收入按照 12 个月平均分摊发放，可以避免因部分月份收入过高而多缴税金、有些月份收入较低而无法完全享受税收抵扣优惠的缺陷。

（4）工资、薪金转化为劳务报酬。当应税所得在一定数额以上时，工资、薪金所得适用税率比劳务报酬所得适用税率高，在可能的情况下，职工可通过与其他单位签订雇佣合同的方式，将工资、薪金转化为劳务报酬更有利于节税。

（5）充分利用税收优惠政策。国家有关税法规定，独生子女补贴，执行公务员工资制度未纳入基本工资总额的补贴、津贴差额和家属成员的副食品补贴，托儿补助费，差旅费津贴、误餐补助等不属于工资、薪金性质的补贴、津贴不缴个人所得税。另外，在国家规定的缴费比例内，单位为个人缴付和个人缴付的基本养老保险费、基本医疗保险费、失业保险费免征个人所得税。个人和单位分别在不超过职工本人上年度月平均工资 12% 的幅度内，实际缴存的住房公积金允许在税前扣除，实际支取原提存的"四金"免税。所以，企业和职工应充分利用税收优惠政策，在国家规定的标准内，将工资中免税津贴、补助以及"四金"单独核算，尽量提高工资中免税部分的比重，减少计税工资的发放金额。"

"呵呵，这么说来，企业在工资、薪金方面是有很多方法来帮助员工减税的嘛。而且几乎是零成本啊，有头脑的企业家何乐而不为呢？"

"是啊，你可要利用好宣传阵地做好宣传啊，也算功德一件啊，哈哈……"陈俊打趣道。

2012 年 12 月 27 日

劳务报酬怎么筹划?

军军的一个朋友在一个国家部委的事业单位实习，该发实习工资的时候被告知，要按劳务报酬扣税。劳务报酬作为一项比较主要的收入来源，这方面有没有筹划空间呢？晚上一起聚会，陈俊给军军做了一番讲解。

"劳务报酬方面，筹划空间当然是有的，主要方法有这么几种：

（1）将劳务报酬转化为工资、薪金……"

"打住！"我赶紧打断他，"你上次谈工资、薪金筹划时说应税所得在一定数额以上时可以考虑转为劳务报酬所得，现在怎么又转回去了？"

"情况不同嘛。你别急，我详细给你说下。目前我国《个人所得税法》及相关政策规定，工资、薪金所得适用的是 3%—45% 的七级累进税率；劳务报酬所得适用的是 20% 的比例税率，但对一次收入畸高的，实行加成征收，相当于还有 30%、40% 两档超额累进税率。所以，你得看具体情况了，有时工资、薪金转化为劳务报酬合算；有时则正相反。"

"这么说我就明白了，但是，在现实情况中，劳务报酬转为工资、薪金不太容易吧，因为劳务合同和劳动合同在法律上是完全不同的，特别是签订劳动就业合同时，单位必须为员工缴纳社会保险，用人单位可不一定乐意啊。"

"确实，还得具体情况具体分析了。

（2）劳务报酬所得分摊筹划。一般来说，连续性劳务报酬收入集中发放便意味着税负的增加，收入的分散便意味着税负的减轻。因此，取得劳务报酬时可以通过增加费用开支尽量减少应纳税所得额，或者通过延迟收入、均衡分摊收入等筹划方法，将每一次的劳务报酬所得安排在较低税率区间内发放。

例如，周教授为某高校兼职教授，每学期4个月中每周到该校授课一次，每次酬金2,000元。若该校一次性支付周教授32,000元酬金，则其应纳税额为5,680〔32,000×（1-20%）×30%-2,000〕元；若与该校商定，酬金按月支付，则周教授每月应纳税额为1,280〔8,000×（1-20%）×20%〕元，4个月周教授共计纳税5,120（1,280×4）元，从而避免了一次取得酬金而适用高税率，筹划后可节税560元。

（3）合理设计劳务合同筹划。在签订劳务合同时不仅要注意其法律含义，还要考虑税收因素，通过巧妙地设计劳务合同，可以达到双赢的结果。

例如，某软件公司的朱工程师为企业做培训，按照原合同规定，软件公司支付劳务报酬50,000元，其他费用如交通费、食宿费等10,000元朱工程师自理。依税法规定，朱工程师应纳税额为10,000〔50,000×（1-20%）×30%-2,000〕元，实际只获得30,000元净收入。若进行筹划将合同中的报酬条款修改为"甲方（软件公司）向乙方（朱工程师）支付讲课费40,000元，往返机票、食宿费全部由甲方负责"，则朱工程师只需就40,000元收入纳税，应纳税额7,600〔40,000×（1-20%）×30%-2,000〕元，税后可得32,400元，筹划后节税2,400元。"

"看来，劳务报酬的税收筹划成效还是很明显的啊。这方面筹划好了，省下的可都是直接装入腰包的真金白银啊！"军军很有感慨地说。

八
税 收 概 览 篇

篇首语：税收是国家为满足社会公共需要，凭借公共权力，按照法律所规定的标准和程序，参与国民收入分配，强制取得财政收入的一种特定分配方式。它体现了国家与纳税人在征收、纳税的利益分配上的一种特殊关系，是国家财政收入最主要来源。究竟我国有多少税种？我国税收负担重不重？税收能调节贫富差距吗？这些问题都是大家关注的。本篇介绍了我国税种、税负、功能等相关知识。

2012年3月2日

我国到底有多少税种？

今天上网看到这个故事，很有意思：

那是在2010年5月，一个很平常的下午，A先生刚从他的留学顾问郑莹莹的办公室里出来。A先生的儿子正在上小学，他希望再过几个月，能够直接送儿子去美国念书。郑莹莹让他准备一些材料，包括个人职业证明、银行存款……还有税单。

"为什么要税单？"A先生很费解。郑莹莹告诉他，现在很多人的收入证明水分都很大，只有税单是最可靠的。就这样一件小事，仿佛忽然打动了A先生一样，他打算了解一些有关税收的知识，弥补一下自己在这方面的欠缺。

在浏览了诸多网站之后，A先生发现事情有些蹊跷。在税收立法权、税种开征权等权限高度集中于国家层面的中国税制下，对于"我们现在究竟有多少个税种？"的问题，竟然找不到一个统一的答案。

财政部网站是这样表述的："目前，我国共有19个税种，其中16个税种由税务部门负责征收，关税和船舶税由海关征收……"之后，还一一列举了这19个税种的名目。

而在国家税务总局网站上,在"税收宣传"栏目里是这样介绍的:"目前,中国共有增值税、消费税……船舶吨税、固定资产投资方向调节税等20个税种,其中,17个税种由税务部门负责征收。"

也就是说,关于我国共有多少个税种,财政部说是19个,而税务总局说是20个。而在包括北京地税局在内的更多的网站上还介绍称:"中国的税收制度共设有25种税,按照其性质和作用大致可以分为八类……"尚未立法开征的遗产税和已经取消的农业税也囊括在内。

2010年7月,国内一家媒体对此进行了曝光,国家税务总局和北京地税局网站上的税制信息随即进行了变更,与财政部的19个税种的说法相统一。据该报道所述:"负责税收征管的税务部门工作人员的答案也是各不相同:有的说有30多种,有的说20多种;有的拿出有关资料想一一列举,但边说边发现内容已经过期……"

"税种这么大的问题,主管部门都没有一个统一的说法,那下面的征税岂不是乱套了?"A先生现在已经决定要重视这个问题,搞清楚自己到底交了哪些税,可不能让别人动了自己的税单。

这个故事说明,越来越多的人开始关注税收。由于税收与百姓生活息息相关,了解税收常识,其实就是关注自己的权利。

这个问题的答案是很清楚的,就税收来看,2012年我国共有19个税种,包括增值税、消费税、营业税、关税、资源税、城市维护建设税、烟叶税、船舶吨税、企业所得税、个人所得税、房产税、城镇土地使用税、土地增值税、车辆购置税、车船使用税、契税、耕地占用税、印花税和固定资产投资方向调节税。(注:2013年取消了早已暂停征收的固定资产投资方向调节税,至此,我国共有18个税种。)

2012年4月7日

纳税人有哪些权利和义务？

今天晚上和刘东、军军等好友一起聚会，大家在一起难免要聊到税的话题。

"纳税人具体有哪些权利和义务？这些看似简单的问题，其实很多纳税人并不了解。"刘东说。

"纳税人承担税收，相应地，他们也享有相关的权利。"刘东不失时机地对问题进行了扩展。

"消费索取发票就是我们的权利？"军军抢着响应。

刘东微笑着点头："目前，我国纳税人对税收权利的认识程度相当低，我们还需要加大宣传力度。纳税人在履行纳税义务过程中，依法享有下列权利：

1. 知情权。纳税人有权向税务机关了解国家税收法律、行政法规的规定以及与纳税程序有关的情况，如现行税收法律、行政法则和税收政策规定，办理税收事项的时间、方式、步骤以及需要提交的资料，等等。

2. 保密权。纳税人有权要求税务机关为纳税人的情况保密。如无法律、行政法规明确规定或者纳税人的许可，税务机关不能向其他部门、社会公众和个人提供。

3.税收监督权。纳税人对税务机关违反税收法律、行政法规的行为,可以进行检举和控告。同时,对其他纳税人的税收违法行为也有权进行检举。

4.纳税申报方式选择权。纳税人可以直接到办税服务厅办理纳税申报或者报送代扣代缴、代收代缴税款报告表,也可以按照规定采取邮寄、数据电文或者其他方式办理上述申报、报送事项。

5.申请延期申报权。纳税人如不能按期办理纳税申报或者报送代扣代缴、代收代缴税款报告表,应当在规定的期限内向税务机关提出书面延期申请,经核准,可在核准的期限内办理。

6.申请延期缴纳税款权。如纳税人因有特殊困难,不能按期缴纳税款的,经省、自治区、直辖市国家税务局、地方税务局批准,可以延期缴纳税款,但是最长不得超过三个月。

纳税人满足以下任何一个条件,均可以申请延期缴纳税款:一是因不可抗力,导致纳税人发生较大损失,正常生产经营活动受到较大影响的;二是当期货币资金在扣除应付职工工资、社会保险费后,不足以缴纳税款的。

7.申请退还多缴税款权。对纳税人超过应纳税额缴纳的税款,税务机关发现后,将自发现之日起10日内办理退还手续;如纳税人自结算缴纳税款之日起三年内发现的,可以向税务机关要求退还多缴的税款并加算银行同期存款利息。

8.依法享受税收优惠权。纳税人可以依照法律、行政法规的规定书面申请减税、免税。纳税人享受的税收优惠需要备案的,应当按照税收法律、行政法规和有关政策规定,及时办理事前或事后备案。

9.委托税务代理权。纳税人有权就申请税务行政复议等事项委托税务代理人代为办理。

10.陈述与申辩权。纳税人对税务机关做出的决定享有陈述权、申辩权。

11. 对未出示税务检查证和税务检查通知书的拒绝检查权。

12. 税收法律救济。纳税人对税务机关做出的决定依法享有申请行政复议、提起行政诉讼、请求国家赔偿等权利。

13. 依法要求听证的权利。对纳税人做出规定金额以上罚款的行政处罚之前，税务机关应向纳税人送达《税务行政处罚事项告知书》，告知纳税人已经查明的违法事实、证据、行政处罚的法律依据和拟将给予的行政处罚。对此，纳税人有权要求举行听证。

14. 索取有关税收凭证的权利。税务机关征收税款时，必须向纳税人开具完税凭证。"

说到这里，刘东喝了一口水，继续说："权利和义务是对应的。纳税人有权利，相应地也有义务。依照宪法、税收法律和行政法规的规定，纳税人在纳税过程中负有以下义务：

1. 依法进行税务登记的义务。纳税人应当自领取营业执照之日起30日内，持有关证件，向税务机关申报办理税务登记。

2. 依法设置账簿、保管账簿和有关资料以及依法开具、使用、取得和保管发票的义务。

3. 会计制度和会计核算软件备案的义务。纳税人的财务、会计制度或者财务、会计处理办法和会计核算软件，应当报送税务机关备案。

4. 按照规定安装、使用税控装置的义务。

5. 按时、如实申报的义务。纳税人必须依照法律、行政法规规定或者税务机关依照法律、行政法规的规定确定的申报期限、申报内容如实办理纳税申报，报送纳税申报表、财务会计报表以及税务机关根据实际需要要求纳税人报送的其他纳税资料。

6. 按时缴纳税款的义务。纳税人应当按照法律、行政法规规定或者税务机关依照法律、行政法规的规定确定的期限，缴纳或者解缴税款。

未按照规定期限缴纳税款或者未按照规定期限解缴税款的，税务机关除责令限期缴纳外，从滞纳税款之日起，按日加收滞纳税款万分之五的滞纳金。

7.代扣、代收税款的义务。如按照法律、行政法规规定负有代扣代缴、代收代缴税款义务的，纳税人必须依照法律、行政法规的规定履行代扣、代收税款的义务。

8.接受依法检查的义务。纳税人有接受税务机关依法进行税务检查的义务，应主动配合税务机关按法定程序进行的税务检查，如实地向税务机关反映自己的生产经营情况和执行财务制度的情况，并按有关规定提供报表和资料，不得隐瞒和弄虚作假，不能阻挠、刁难税务机关的检查和监督。

9.及时提供信息的义务。纳税人除通过税务登记和纳税申报向税务机关提供与纳税有关的信息外，还应及时提供其他信息。

10.报告其他涉税信息的义务。如企业合并、分立的报告义务；报告全部账号的义务；处分大额财产报告的义务。"

"还是我们的税官业务扎实。我今天都插不上话，这些最基本的问题让我说肯定说不全。"我有些惭愧。

"小税务"提示——代扣代缴和代收代缴

代扣代缴是依照税法规定负有代扣代缴义务的单位和个人，从纳税人持有的收入中扣取应纳税款并向税务机关解缴的一种纳税方式。如：发工资时，公司都会从中扣除个人所得税，所以拿到手的工资其实是税后的。代收代缴是与纳税人有经济业务往来的单位和个人在向纳税人收取款项时，依法收取税款并代为缴纳。如：在买房子的时候，开发商会向购买人收取契税和印花税。两者的区别：代扣代缴义务人直接持有纳税人的收入从中直接扣除纳税人的应纳税款，代收代缴义务人在与纳税人的经济往来中收取纳税人的应纳税款并代为缴纳。

2012年5月25日

税收能调节贫富差距吗？

晚饭后，军军小两口儿一起看电视。电视新闻播报中国目前实际基尼系数已超过西方发达国家水平。莉莉对军军说："目前，中国的贫富差距这么巨大，国家是否可以加大税收调节收入的力度，减少贫富差距？"这句话把军军问蒙了。军军于是给我打电话。

"怎么突然关心起国家大事了？"我在电话这头调侃道，"对税收调节国民收入分配功能，我觉得应该正确看待，避免出现税收万能论和税收无用论的误区。首先，税收不是万能的，不能认为什么都靠税收、什么都可以由税收进行调节。同样，税收也不是毫无作用的，在某些方面能够发挥其特有功能。

就现有税种而言，个人所得税和房产税在这方面有一定作用，但是其税制存在不少问题，需要进一步改革。如个人所得税需要朝着综合与分类相结合的税制改革，以反映个人收入和负担差异，更体现公平公正，让高收入者缴纳更多个人所得税，中低收入者少缴或者不缴个人所得税。房产税改革应在试点基础上加快推进，将存量房纳入房产税征收范围，对多套房的有钱人征收房产税，以达到调节收入贫富差距的目的。

另外，在不远的将来，可考虑开征遗产税，其主要目的不是为了增加财政收入，而是为了缩小贫富差距，促进社会公平；征收对象是少数富裕人士，绝大多数家庭和个人不会面临遗产税的征收。

税收要发挥调节收入分配差距的功能，还需要加强税收监管。如果不首先解决对高收入者的税收监管难题，不能实现收入、房产等涉税信息的全国共享问题，出台再好的税收制度也将是一纸空文。这一点在推进个人所得税、房产税改革方面显得尤其重要。"

给军军讲了一大通，也不知道他能否给莉莉讲明白。

2012年6月28日

我国税收负担究竟重不重？

《福布斯》杂志公布的2009年中国税负痛苦指数为159，名列全球排行榜第二位，引起了广泛关注和讨论。但是显然，税负痛苦指数并不能等同于宏观税负水平。从国际比较上看，我国的宏观税负比发达国家要低。例如，2010年，我国按OECD口径计算的税收收入（税收收入加社会保险缴费收入）占GDP的比重约为22%，而从OECD的统计数字看，2009年这个比例在丹麦为48.2%，瑞典为46.4%；此外，奥地利、比利时、法国、芬兰、意大利和挪威等国也都超过了40%。

我们以2011年的统计数字为依据，来计算中国的宏观税负水平。

第一，税收收入89,720.31亿元，同年的GDP为471,564亿元。以此计算，前者占后者的比重为19.03%。也就是说，若仅仅以政府收入中的税收收入口径而论，中国的宏观税收水平为19.03%。

第二，一般预算中的非税收入14,019.7亿元。此项数字与上述税收收入相加，即为一般预算收入，也就是财政收入103,740.01亿元。以此计算，它占同年GDP的比重为22%。也就是说，以一般预算收入或财政收入口径而论，中国的宏观税负水平为22%。

第三，政府性基金收入（不含国有土地使用权出让收入）8,193.39亿元。此项数字与上述的一般预算收入相加，这时的政府收入便为111,933.4亿元。以此计算，它占同年GDP的比重为23.74%。也就是说，若以一般预算收入加政府性基金收入口径而论，中国的宏观税负水平为23.74%。

第四，国有土地使用权出让收入33,166.24亿元。在上述的一般预算收入加政府性基金收入基础上，再加上此项数字，这时的政府收入便调增为145,099.64亿元。以此计算，它占同年GDP的比重为30.77%。也就是说，若以一般预算收入加全部政府性基金收入（包含国有土地使用权出让收入）口径而论，中国的宏观税负水平为30.77%。

第五，社会保障缴费收入23,700亿元。在上述前四项政府收入基础上，再加上此项数字，这时的政府收入便进一步调增为168,799.64亿元。以此计算，它占同年GDP的比重为35.8%。也就是说，若以包括上述五项政府收入在内的政府收入口径而论，中国的宏观税负水平为35.8%。

第六，中央国有资本经营预算收入765.02亿元。按理说，这里应当列入的是包括中央和地方在内的全国国有资本经营预算收入，但限于统计数字的缺乏，目前能够拿到的只有中央一级的国有资本经营预算收入。暂且忽略地方国有资本经营预算收入，仅将此项数字与上述五项政府收入之和相加，这时的包括六项政府收入在内的全口径政府收入便为169,564.66亿元。以此计算，它占同年GDP的比重为35.96%。也就是说，若以目前能够统计的所谓全口径政府收入而论，中国的宏观税负水平为35.96%。

考虑宏观税负不能仅仅计算税收收入，还应当计算非税收入、政府性基金、土地出让收入等，这样下来，我国的总体宏观税负已然不低。下一步可以通过规范税收收入之外的各项收入来源，调整税收负担结构，将宏观税负水平维持稳定。更重要的是，从财政支出方想办法，减少"三公"支出，提高资金使用效率，为老百姓提供更加优质的公共服务。

2013年6月2日

哪些途径可以快捷地查找到相关税收规定？

充实的日子总是过得很快。转眼间，博锐财税沙龙已经办了十五期了。这天，沙龙结束，李教授笑着说："各位都是博锐财税沙龙的核心成员，见证了沙龙的成长，今晚我请客，为沙龙上阶段工作做一个小结。""好啊！"大家一起欢呼起来。

大家刚入席坐好，军军就迫不及待地发问："李教授，我想请教您一个问题，税收政策数量大、更新快，请问有哪些途径可以全面、快捷地查找到相关税收政策？"这个问题一下子引起了大家的共鸣，饭桌上开始七嘴八舌起来。

"军军这个问题问得好。其实税收知识关键还是靠日常留心自学。我推荐几个途径。税收政策和政策解读，一般财政部、国家税务总局网站有及时发布。学习税收政策，要注意关注一下这两个部门的官方网站。对了，《中国税务报》也是学习税收政策的重要渠道，尤其是'筹划专刊'值得一读，几乎所有比较重要的税收政策都有相关解读。"

"嗯，这两个网站我上去看过，《中国税务报》我有时也看，确实不错。那还有没有更加具体的讨论政策的论坛之类的？"军军问。

"有啊,学习和讨论税收政策,可以通过中国会计视野论坛和阿毛税官论坛等,那里有很多税收实务方面的高手进行探讨,有税务局干部、税务中介人士以及企业会计等。不懂的可以提出问题请教别人,也可以看看别人有没有类似的问题。"

"这个不错,一定要上去看看。对了,是不是还有一些博客也不错,我看过您的博客呢。"军军说。

"惭愧,我的博客一般吧,不算最好的。给你推荐几个税收知名博客,如'中国财税浪子'、'税务记者'、'云中飞'、'税务师爷郭伟'、'注册税务师齐洪涛'等等。有空可以上去溜达溜达,里面有不少值得学习的东西。"

李教授接着补充道:"如果你想系统地学习税收政策,可以学习注册税务师考试教材的《税法1》《税法2》或注册会计师教材的《税法》,也可以报名参加这些考试,参加网络辅导班,这些都是可行的学习途径。"

军军说:"是啊,不行我就报名参加注册税务师考试吧。"

我又补充道:"还有一些,比如可以通过拨打12366热线进行税收咨询;你还可以经常参加财税论坛沙龙,例如我们的博锐财税沙龙。"说到这里,大家大笑起来。

"'小税务'说的不错。其实学习税收政策的途径有很多,关键是要有心,平时注意关注和学习,长期积累下来一定会越来越专业。相信不用多久,你也会成为税收专家的。"李教授说道。

"是的,谢谢李教授的指教,我们是'听君一席话,胜读十年书'啊。来,我们大家一起敬李教授一杯,感谢教授对我们的关心和悉心指导!"饭桌上的气氛一下子进入高潮,大家同敬教授,互相祝愿。

又是一次学有所成、友谊升华的聚会,税收知识有赖师长教导、同窗探讨,更重要的是对知识的热切追求、孜孜不倦。

我在自己心中默默祝愿,希望"小税务"日记能一直记录下去,记录追寻税务知识过程中的好奇、迷惑、探索、收获。所谓"书山有路勤为径,学海无涯苦作舟",希望能够学习积累,真正成为税收的行家里手,为更多人解答税收疑问。